AF533621

In unseren Veröffentlichungen bemühen wir uns, die Inhalte so zu formulieren, dass sie Frauen und Männern gerecht werden, dass sich beide Geschlechter angesprochen fühlen, wo beide gemeint sind, oder dass ein Geschlecht spezifisch genannt wird. Nicht immer gelingt dies auf eine Weise, dass der Text gut lesbar und leicht verständlich bleibt. In diesen Fällen geben wir der Lesbarkeit und Verständlichkeit des Textes den Vorrang. Dies ist ausdrücklich keine Benachteiligung von Frauen oder Männern.

Dieser Titel ist in Zusammenarbeit mit dem Bibellesebund Schweiz, www.bibellesebund.ch, und der Deutschen Bibelgesellschaft, www.die-bibel.de, entstanden.

Impressum

buch+musik ejw-service gmbh, Stuttgart
www.ejw-buch.de
ISBN Buch 978-3-86687-313-1
ISBN E-Book 978-3-86687-314-8

Deutsche Bibelgesellschaft, Stuttgart
www.die-bibel.de
ISBN Buch 978-3-438-04097-8
ISBN E-Book 978-3-438-07267-2

Lektorat: buch+musik – Marlen Bleiholder, Stuttgart
Umschlaggestaltung: buch+musik – Daniela Buess, Stuttgart
Satzprogrammierung: X1-Publishing, Stuttgart
Satz Downloads: buch+musik – Daniela Buess, Stuttgart
Bildrechte Umschlag und Deckblätter: iStock, francecoch und Daniela Buess, Stuttgart
Bildrechte Fotos: Sara Schmidt, Steffisburg
Bildrechte Illustrationen: Bianca Stegmaier, Ditzingen
Bildrechte Fotos von Autorin und Illustratorin: bei Autorin/Illustratorin

Druck und Gesamtherstellung: Eberl & Kœsel Gmbh & Co. KG, Altusried-Krugzell

Sara Schmidt

DIE METHODEN BIBEL

begegnen
auseinandersetzen
übertragen

NT – Von Ostern bis Offenbarung

37 Bibeltexte – 111 Methoden für Kinder von 6 bis 12 Jahren

INHALTSVERZEICHNIS

Einführung

Geschichten

Anhang

EINFÜHRUNG

EIN GEDANKE VORWEG

Mit diesem Band schließt die vierteilige Reihe der Methodenbibel. Die 37 Bibeltexte erzählen von Leiden, Tod und Auferstehung Jesu, dem Pfingstgeschehen, vom Leben der frühchristlichen Gemeinden und geben einen Ausblick auf die Neue Welt Gottes.

Als herausfordernd erwies sich die Zusammenstellung der Bibeltexte zur Person des Paulus, zu seinen Reisen und aus seinen Briefen. Das kommt daher, dass sich hier die curricularen Pläne in Gemeinde- und Religionspädagogik unterscheiden. So stehen im Kindergottesdienst Leben und Wirken des Paulus im Vordergrund und das vorwiegend im Rahmen der Erzählungen der Apostelgeschichte. Im Religionsunterricht wird Paulus später, meist ab Sekundarstufe 1 behandelt, dafür stärker im Kontext paulinischer Theologie. Bei einem Buch, dass sich an eine so breite Zielgruppe richtet, wie es die Methodenbibel tut, kann diese Spannung nicht aufgehoben werden. Hier sind Sie als Leserinnen und Leser herausgefordert, eine Auswahl aus den aufgenommenen Bibeltexten für den jeweils aktuellen Kontext zu treffen. Die vorgestellten Methoden können selbstverständlich auch auf andere Bibeltexte adaptiert werden.

Auch dieser Band möchte mit der Auswahl der Methoden Kinder einladen, biblische Geschichten zu erleben und selbst zu entdecken, sie in ihren theologischen Fragen und Antwortfindungen unterstützen und anregende Lernumgebungen anbieten, in denen sie ihre Deutungen mit anderen besprechen oder kreativ und spielerisch ausdrücken können.

Es bedarf vieler Menschen, um eine solche Buchreihe zu ermöglichen. Ich hatte das Glück über vier Bände hinweg eine wohlwollende und konstruktive Zusammenarbeit zu erleben. Mein Dank geht zunächst an den Verlag buch+musik. An Claudia Siebert, die das Projekt mit viel Weitsicht verlegerisch begleitet hat und noch begleitet. An Marlen Bleiholder, die mit viel Geschick, Sorgfalt und Fingerspitzengefühl die vielen Seiten überarbeitet und hilfreiche Anregungen und Korrekturen eingebracht hat. Und an Daniela Buess für die Gestaltung der Buchcover und die ansprechende Webseite samt Bastelvorlagen. Michael Jahnke von der Deutschen Bibelgesellschaft danke ich für die wertvolle fachliche Unterstützung. Markus Giger ermutigte mich und ermöglichte es mir, die Bücher im Rahmen meiner Anstellung beim Bibellesebund Schweiz zu schreiben. Und nicht zuletzt gewinnt auch dieser Band immens durch die fröhlichen Illustrationen von Bianca Stegmaier. Danke dir für deine wundervolle kreative Arbeit und deine Liebe zum Detail.

Sara Schmidt

EINFÜHRUNG

Leitfaden zum Buch

Es kann ein ziemlicher Spagat sein, sowohl dem Anspruch, Kindern biblische Erzählungen zu vermitteln, als auch deren Recht auf selbstständige Erschließung der Texte gerecht zu werden. Dabei soll die Methodenbibel als Hilfestellung und Inspirationsquelle dienen. Sie stellt eine Auswahl an biblischen Geschichten vor und zeigt eine mögliche Umsetzung auf, nicht im Sinne einer religiösen Verkündigung, sondern mit dem Ziel einer vertieften Auseinandersetzung mit den Texten.

Bei der Auswahl der Methoden stehen die Kinder in der Mitte des Geschehens. Sie sollen angeleitet werden, die Geschichten möglichst eigenständig zu entdecken und zu erforschen. Zugleich werden damit die Erwachsenen herausgefordert, Beziehungs- und Bildungsräume zu eröffnen, die den Bedürfnissen von Kindern entsprechen und ausreichend Inhalte bieten, mit denen die Kinder sich auseinandersetzen können. So kann das, was sie entdecken, bedeutsam für sie werden.

Aus religionspädagogischer Sicht ist es überaus wichtig, Kinder als eigenständige Persönlichkeiten wahrzunehmen und ihnen die Fähigkeit zuzusprechen, ihre persönlichen Erfahrungen und Reflexionen in einen Deutungsprozess einzutragen: Sie stellen (abhängig von Alter und Entwicklungsstand) existenzielle Fragen, sind in der Lage, biblische Geschichten zu erschließen und Texte im übertragenen Sinn zu verstehen. Sie verknüpfen, stellen einen Bezug zum Alltag her oder ziehen eine „Lehre" aus einem biblischen Text. Die Methodenbibel soll das theologische Denken der Kinder anregen. Sie soll Kinder dabei unterstützen, hinsichtlich des christlichen Glaubens sprachfähig zu werden, ihn in seinen Praxisformen zu erleben und die Relevanz der Texte für das eigene Leben zu begreifen.

Wer mit diesem Buch arbeitet, wird sich deshalb möglicherweise in eher ungewohnten Rollen wiederfinden: als Begleiter, Beobachter, Moderator, Reiseleiter und Arrangeur.

Ein Rezept, wie mit der Methodenbibel gearbeitet werden kann, gibt es nicht. Manche werden sich einzelne Methoden heraussuchen und in ihre Arbeitsweise integrieren, andere werden Methoden genauso ausprobieren wollen, wie sie beschrieben sind, wieder andere werden die Methoden kreativ weiterdenken und etwas ganz Eigenes daraus machen. Alle diese Ansätze haben ihre Berechtigung. Die Methodenbibel soll keine strikte Anweisung für die „richtige" Vermittlung biblischer Geschichten an Kinder sein, sondern vielmehr als Inspiration und Ideensammlung dienen.

Auswahl der Bibeltexte

Es wurden Texte ausgewählt, die in der bibeldidaktischen Arbeit häufig verwendet werden. Sie handeln von Kreuzigung, Auferstehung und Himmelfahrt Jesu sowie vom Leben der frühchristlichen Gemeinden und sind in der Reihenfolge der Evangelien aufgeführt.

Einsatzmöglichkeiten der Methoden

Die Methodenbibel bietet eine Zusammenstellung neuer und bereits bewährter Methoden. Darüber hinaus gibt sie konkrete Anregungen zur Umsetzung in Weiterbildung und Praxis für alle Mitarbeiterinnen und Mitarbeiter in der christlichen Arbeit mit Kindern, wie auch für Lehrkräfte im Fachbereich Religion. Gleichzeitig richtet sich das Buch selbstverständlich an alle, die Kindern die Möglichkeit eröffnen wollen, biblische Geschichten zu erleben und sich mit ihnen zu beschäftigen – also auch an Eltern und Großeltern, Tanten und Onkel, Patinnen und Paten, Freundinnen und Freunde. Das Buch ist vorrangig für die Altersgruppe 6 – 12 Jahre konzipiert, die meisten Methoden lassen sich aber problemlos für jüngere oder ältere Kinder und Jugendliche anpassen.

Art der Methoden

Das Buch bietet 111 Methoden, die Kinder befähigen, Geschichten und Texte der Bibel möglichst selbstständig und gemeinsam mit anderen zu entdecken.

Die Methoden laden dazu ein,

- dem Text zu **begegnen**: seinen Inhalt wahrzunehmen und zu erfassen.
- sich mit dem Text **auseinanderzusetzen**: seine Bedeutung zu erschließen und zu erarbeiten.
- den Text zu **übertragen**: ihn ins Leben zu übersetzen und im Alltag umzusetzen.

Zu jeder der 37 Geschichten dieses Bandes wird jeweils eine Methode aus den Bereichen „begegnen“, „auseinandersetzen“ und „übertragen“ vorgeschlagen. Die Methoden knüpfen an den Inhalt und die Thematik der jeweiligen biblischen Geschichte an und bereiten sie so auf, dass die Kinder den Inhalt des biblischen Textes verstehen und ihn für sich anwenden lernen.

Der Dreiklang der Methoden dient der Unterteilung. Er sortiert die Methoden und skizziert einen möglichen Weg von der Begegnung mit dem Text hin zu seiner Übertragung in die eigene Lebenswelt. So kann eine Geschichte anhand der gewählten Methoden fertig ausgearbeitet und in dieser Form ausprobiert werden. Eigentlich liegt es jedoch nicht in der Absicht des Buches, Entwürfe zu präsentieren, die genau in der vorgegebenen Form umgesetzt werden sollen.

Vielmehr braucht es bei vielen Methoden eine gewisse Routine im Umgang mit der Methode selbst, damit die Kinder sich tatsächlich auf die Geschichte und ihren Inhalt konzentrieren können. Deshalb kann eine Kombination zwischen neuen Methoden und solchen, die den Kindern schon vertraut sind, hilfreich sein. Auch der häufigere Einsatz einer Methode bei verschiedenen Geschichten erleichtert den Umgang.

Beispiel: Bei einem ersten Bibellese-Einsatz mit der Methode „Bibel-Lese-Werkzeuge“ wird die eigentliche Auseinandersetzung mit dem Text wahrscheinlich noch gering ausfallen. Die Kinder müssen zuerst die sechs verschiedenen Bilder und deren Bedeutung kennenlernen, bevor sie in einem späteren Schritt diese Bilder als Entdeckungswerkzeuge und Deutungshilfen selbstständig einsetzen können.

Viele Methoden lassen sich innerhalb des Methoden-Dreiklangs recht eindeutig zuordnen und man kann davon ausgehen, dass sie mit einer anderen Geschichte in ähnlicher Weise eingesetzt werden können. Andere Methoden sind offener. Hier entscheidet die Art der Umsetzung darüber, wie sie im Verlauf einer Stundenplanung zum Einsatz kommen.

Beispiel: Das Erzählen mit der Methode „Astfiguren“ kann Kinder dazu einladen, einer Geschichte zu begegnen. Erzählen die Kinder selbst mithilfe der Figuren, dann wäre dieselbe Methode eher dem Bereich der Auseinandersetzung mit der Geschichte zuzuordnen. Sie würde dann auch andere Kompetenzen der Kinder fördern und fordern.

Die hier vorgenommene Einteilung ist also nur als eine grobe Sortierhilfe zu verstehen. Im Anhang befindet sich eine Übersicht über die Methoden, in der für jede Methode angegeben ist, für welche Teile des Methoden-Dreiklangs sie sich eignet.

Die Methoden im Buch sind größtenteils erarbeitende und verarbeitende Methoden. Sie sind handlungsorientiert, mit ihnen kann erfragt, entdeckt, gestaltet, erforscht, erspielt, inszeniert, ausgetauscht, dokumentiert, präsentiert und reflektiert werden.

Beispiel: Gerade das Spielen ermöglicht intensive Erfahrungen und entspricht kindlichen Bedürfnissen. Mit dem „Bibliolog“ oder bei der Methode „Imaginäres Spiel“ können Kinder beispielsweise in andere Rollen schlüpfen, ihrer emotionalen Betroffenheit Ausdruck verleihen und Verhaltensweisen kennenlernen. Viele Methoden im Buch haben spielerischen Charakter. Beim Spiel geht es um das Erleben, das Sich-Bewegen, das Anfassen, Schmecken, Rätseln, Bauen oder Sich-Ausprobieren. Auf diese Weise erobern Kinder nicht nur ihre Umwelt, sondern setzen sich auch lustvoll mit einer Geschichte auseinander.

Die Methoden entstehen aus dem Bibeltext. Es sind die Geschichten, die die Methoden vorgeben. Die Geschichten in diesem Band erzählen von Jesu Weg nach Jerusalem, seinem Leidensweg bis hin zum Tod am Kreuz. Darauf folgen die Auferstehung und Erhöhung Jesu. Nach der Sendung und dem Pfingstereignis erfüllen seine Jüngerinnen und Jünger ihren Auftrag. Dadurch entsteht und wächst die christliche Gemeinde trotz der Verfolgung. Die Menschen reagieren unterschiedlich auf die Ereignisse: fassungslos, furchtsam, zweifelnd, aber auch hoffnungsfroh und voller Glauben. Sie fangen neu an, bekennen ihren Glauben, erzählen von ihren Erfahrungen und geben die frohe Botschaft der Auferstehung weiter. Damit es den Kindern gelingt, eine Brücke von den Erfahrungen der biblischen Personen zu ihrem eigenen Leben und ihrem Glauben zu schlagen, wurden viele Methoden mit aufgenommen, die zum Entdecken einladen und Gesprächsmöglichkeiten anbieten. Dabei sollen Erfahrungen biblischer Personen nicht nur intellektuell verstanden, sondern auch körperlich miterlebt, ausgedrückt und kreativ vertieft werden. Es können also die Dynamiken der Geschichte sein, die eine Methode im Buch vorgeben, oder auch ein inhaltlicher Schwerpunkt des Bibeltextes.

Was Dreiklang und Methoden nicht sind

Die Methodenbibel will nicht als didaktisches Konzept für die Arbeit mit Kindern in Gemeinde und Religionsunterricht verstanden werden. Es handelt sich um eine Methodensammlung, nicht um eine Sammlung fertiger Stundenentwürfe. Einführungsprozesse, aber auch Vorerfahrungen und Kontexte aus der Welt der Kinder sind nicht abgebildet. Jede/jeder ist selbst gefragt, die Methoden in die eigene Arbeitsweise und die konkrete Stundenplanung zu integrieren. Das Buch enthält keine ausgeschriebenen Beispieltexte, da das den Rahmen einer Methodensammlung übersteigen würde. Auf den ersten Blick mag das frustrierend sein, gerade wenn man hochmotiviert etwas ausprobieren möchte. Es kann aber auch hilfreich sein, denn es fordert dazu heraus, alle Schritte der Vorbereitung selbst zu gehen. Dabei fällt oft schnell auf, welche Schwerpunktsetzung in der eigenen Gruppe sinnvoll ist und wo besondere Aufmerksamkeit benötigt wird.

Die Kompetenzen

Der Erwerb religiöser Kompetenzen ist vielschichtig und geschieht immer mehrdimensional. Damit Kinder nicht nur Kenntnisse, sondern auch Fertigkeiten und Haltungen gewinnen können, sind in die Methodenbibel folgende Kompetenzebenen eingeflossen:

- **Wahrnehmen:** Religiöse Phänomene als solche wahrnehmen. Sensibel dafür werden, staunen und das beschreiben, was im Inneren bewegt.
- **Verstehen:** Sich Wissen aneignen, Bibelverständnis entwickeln. Fragen stellen, Neues aufnehmen, entdecken, forschen. Grundbegriffe und religiöse Symbole kennen und benennen können.
- **Sprechen:** Mit anderen in einen Austausch treten. Sich mitteilen, die eigene Meinung vertreten, anderen zuhören, mitfühlen. Aber auch religiöse Sprache verstehen und verwenden.
- **Handeln:** Meint hier gestalten, darstellen, schöpferisch tätig sein. Verschiedene Techniken wie „Denkhüte" und „Bibel-Lese-Fächer" methodisch anwenden können. Christliche Praxis ausprobieren.
- **Reflektieren:** Selbst eine Position finden und die Perspektive anderer einbeziehen. Vergleichen, unterscheiden, eine Geschichte deuten, einordnen und bewerten.

Am Ende jeder Methode werden die Kompetenzen genannt, die die jeweilige Methode bei den Kindern fördert und fordert. Sie sind weder umfassend aufgeführt noch messbar ausdifferenziert, wie das in curricularen Bildungsplänen der Fall ist. Das ist für die Funktion, die sie in diesem Buch erfüllen, nicht notwendig.

Die Kompetenzen sollen nochmals sichtbar machen, dass das Konzept des Buches sich nicht an zu vermittelnden Lernzielen orientiert. Vielmehr sollen Art und Auswahl der Methoden dabei helfen, einen offenen Erkenntnisprozess vonseiten der Kinder anzuregen und die Kinder und ihre Deutungen einer Geschichte ernst zu nehmen.

Beispiel: Nicht immer können und wollen Kinder ihre Deutungen in Worte fassen. Einige Methoden wie „Frottage" oder „Bruchstück-Bilder" bieten daher kreative Zugänge an. Hier können Kinder ihre eigenen Bilder und Gefühle wahrnehmen und durch das Malen und Gestalten tief in eine Geschichte eintauchen. So drücken sie ebenfalls aus, was für sie von Bedeutung ist.

In der Arbeit mit dem Buch können die Kompetenzen helfen, die Methoden an sich besser einzuordnen: Welche Kompetenzen ermöglicht eine Methode? Wofür eignet sie sich? Was kann sie leisten und was nicht? Das hilft bei der Auswahl einer Methode und bewahrt auch davor, eine Methode zu überfrachten.

Beispiel: Eine Gesprächsmethode, in der Kinder eingeladen werden, ihre Meinung zu sagen, hat genau darin ihren Gewinn, dass Kinder sich in einem sicheren Rahmen frei äußern können. Die Kinder lernen dabei auch zuzuhören, sie hören auf andere und müssen andere Meinungen aushalten. Aber die Methode darf in dieser Freiheit stehen bleiben, am Ende muss keine Erwachsene / kein Erwachsener eine letztgültige Beurteilung vornehmen. So unterscheidet sich eine Gesprächsmethode von einer Reflexionsmethode, bei der es darum gehen kann, Inhalte zu deuten und am Ende zu einer Bewertung zu kommen.

Die bereits erwähnte Übersicht über die Methoden im Anhang dieses Buches zeigt auch, welche Kompetenzen die Methoden jeweils vermitteln.

Aufbau der Geschichten

Bibeltext

Der Bibeltext ist in der neu überarbeiteten Fassung der Gute Nachricht Bibel 2018 abgedruckt. Sofern dies möglich war, wurde der Text vollständig übernommen. Vereinzelt mussten aus Platzgründen Kürzungen vorgenommen werden, die jedoch durch „[...]“ kenntlich gemacht sind. So kann man bei Interesse die eigene Bibel heranziehen, den vollständigen Text nachlesen und ggf. die gekürzten Stellen beim Vorlesen ergänzen.

Einführung

Zu jedem Bibeltext gibt es eine kurze Einführung mit Begriffserklärungen. Neben Informationen, die das Verständnis des Textes erleichtern, soll die Einführung auch größere Zusammenhänge zwischen den verschiedenen Texten aufzeigen. So ziehen sich die Berichte der Jüngerinnen und Jünger von Jesu Auferstehung und das Wachsen der christlichen Gemeinde durch viele der ausgewählten Geschichten. Jede/jeder ist eingeladen, selbst weiterzuforschen, die Geschichten für sich persönlich zu deuten und die angegebenen Begriffe mit einem Bibel-Lexikon zu vertiefen.

Methoden

Farbig: Anhand der Farbe, in der der Name, die Symbole und die Kurzbeschreibung jeder Methode gedruckt sind, kann die Methode einem der drei Bereiche zugeordnet werden:
blau = begegnen,
rot = auseinandersetzen,
grün = übertragen.
Zu jeder Geschichte ist jeweils eine Methode aus jedem der drei Bereiche aufgeführt.

Symbole:

Geschätzte Zeit für die Durchführung: kurz, mittel oder lang

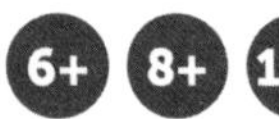

Altersangaben: von 6 Jahren an aufwärts

Sozialform: Einzel-, Partner- oder Gruppenarbeit

Aufwand: niedrig, mittel oder hoch

Schwarz: Die praktische Umsetzung der Methode. Die Beschreibung enthält alles benötigte Material, ggf. in Klammern einen Hinweis auf Vorlagen zum Download, die allgemeine Beschreibung der Methode mit den einzelnen Schritten und den Bezug der Methode zum Bibeltext. In den Fällen, wo auf Bastelvorlagen zum Download verwiesen wird, ist das benötigte Bastelmaterial im entsprechenden Download aufgelistet. In der Materialliste zur Methode selbst steht dann nur der Hinweis auf den Download und „entsprechendes Material". Bei vielen Methoden ist es zur Vorbereitung hilfreich, sich mit der Google-Bildersuche Inspirationen anzeigen zu lassen.

Grau: Zusätzliche Informationen. Dazu gehören die Kompetenzen, deren Funktion oben näher beschrieben ist, und der Querverweis auf andere Methoden aus dem Buch.

•• Die Vorschläge, die als Querverweise angegeben sind, können auf zweierlei Weise gelesen werden: Oft ist es möglich, die obere Methode durch eine der im Querverweis genannten Methoden auszutauschen. Wenn das nicht passt, bilden die unteren Querverweise einen neuen Methoden-Dreiklang. Zu einigen Methoden gibt es einen dritten Querverweis. Die Angabe „Band AT1" bezieht sich auf eine Methode aus dem Band „Die Methodenbibel. AT – Von Schöpfung bis Josua". „Band AT2" bezieht sich auf eine Methode aus dem Band „Die Methodenbibel. AT – Von Richter bis Jona". „Band NT1" bezieht sich auf eine Methode aus dem Band „Die Methodenbibel. NT – Geburt und Leben Jesu".

Website und Downloads

Zu den Methoden stehen auf www.diemethodenbibel.net zahlreiche zusätzliche Materialien in digitaler Form zum Download zur Verfügung. Der Kauf berechtigt zum Downloaden, Ausdrucken, Kopieren und Verwenden der Daten, sofern sie zur Vorbereitung und Durchführung der Inhalte dieses Buches verwendet werden. Eine Vervielfältigung, Verwendung oder Weitergabe darüber hinaus ist ohne Erlaubnis ausdrücklich nicht gestattet. Die meisten Vorlagen können auf geeignetem Papier ausgedruckt werden. Für den wiederholten Einsatz und eine bessere Haltbarkeit bietet es sich an, die Vorlagen vor dem Ausschneiden zu laminieren.

Externe Links

Für in diesem Titel enthaltene Links auf Websites/Webangebote Dritter übernehmen wir keine Haftung, da wir uns deren Inhalt nicht zu eigen machen, sondern sie lediglich Verweise auf den Inhalt darstellen. Die Verweise beziehen sich auf den Inhalt zum Zeitpunkt des letzten Zugriffs: 15.10.2021.

Methodenverzeichnisse

Im Anhang des Buches befinden sich drei Methodenverzeichnisse, in denen die verschiedenen Methoden nach den Bereichen „begegnen“, „auseinandersetzen“ und „übertragen“ aufgelistet sind. Die Methoden sind jeweils alphabetisch sortiert und neben dem Namen der Methode gibt es eine Kurzbeschreibung und eine Angabe, für welche Altersgruppe sich die Methode am besten eignet. Weiter gibt es zwei tabellarische Übersichten: In der einen werden die Methoden nach der Einordnung im Methoden-Dreiklang sowie den geförderten und geforderten Kompetenzen gekennzeichnet. In der anderen ist eine Einordnung hinsichtlich des erforderlichen Erfahrungsgrades und der geeigneten Handlungsfelder zu sehen. Zusätzlich zu den Querverweisen am Ende jeder Methode wird auch in der Beschreibung einzelner Methoden auf andere Methoden verwiesen. Dies wird immer durch Anführungszeichen gekennzeichnet.

GESCHICHTEN

MATTHÄUS 21,1-11

Jesus zieht in Jerusalem ein

1 Kurz vor Jerusalem kamen sie zu der Ortschaft Betfage am
Ölberg. Dort schickte Jesus zwei Jünger fort 2 mit dem Auftrag: „Geht in das Dorf da drüben! Gleich am Ortseingang
findet ihr eine Eselin und ihr Junges angebunden. Bindet beide los und bringt sie zu mir! 3 Und wenn jemand etwas sagt,
dann antwortet: ‚Der Herr braucht sie.' Dann wird man sie
euch sofort geben." 4 Damit sollte in Erfüllung gehen, was
der Prophet angekündigt hatte: 5 „Sagt der Zionsstadt:
Dein König kommt jetzt zu dir! Er verzichtet auf Gewalt. Er
reitet auf einem Esel und auf einem Eselsfohlen, dem Jungen
eines Lasttiers." 6 Die beiden Jünger gingen hin und taten,
was Jesus ihnen aufgetragen hatte. 7 Sie brachten die Eselin
und ihr Junges und legten ihre Kleider darüber, und Jesus
setzte sich darauf. 8 Viele Menschen aus der Menge breiteten
ihre Kleider als Teppich auf die Straße, andere rissen Zweige
von den Bäumen und legten sie auf den Weg. 9 Die Menschenmenge, die Jesus vorauslief und ihm folgte, rief immer
wieder: „Gepriesen sei der Sohn Davids! Heil dem, der im
Auftrag des Herrn kommt! Gepriesen sei Gott in der
Höhe!" 10 Als Jesus in Jerusalem einzog, geriet alles in helle
Aufregung. „Wer ist dieser Mann?", fragten die Leute in der
Stadt. 11 Die Menge, die Jesus begleitete, rief: „Das ist der
Prophet Jesus aus Nazaret in Galiläa!"

Einführung

Eine große Menschenmenge pilgert nach Jerusalem zum Passafest, darunter auch Jesus, seine Jüngerinnen und Jünger. Das letzte Wegstück reitet Jesus auf einem Eselfohlen. Der Evangelist Matthäus stellt den Einzug in Jerusalem in den Kontext zweier alttestamentlicher Prophezeiungen über den Messias: Dieser soll nicht, wie ein Herrscher, hoch zu Ross kommen, sondern als Friedensbringer (Jes 62,11) auf einem Esel (Sach 9,9). Die Jubelrufe zeigen, dass die Menschen Jesus als Erfüllung ihrer Hoffnung auf den Messias begreifen. Das Auslegen der Kleider und das Schwenken der Zweige sind als Huldigungsgesten zu verstehen. Auf diese Weise wurden Könige und Heerführer begrüßt (z. B. bei der Salbung Jehus zum König, 2. Kön 9,13).

Passafest: zur Zeit Jesu eines der drei wichtigsten jüdischen Wallfahrtsfeste (neben dem Wochenfest und dem Laubhüttenfest); wird im Frühjahr gefeiert und erinnert an die Befreiung aus der Sklaverei in Ägypten.

Sohn Davids: Nach dem Untergang des judäischen Königtums mit der Eroberung Jerusalems durch die Babylonier 586 v. Chr. wuchs die Hoffnung auf einen universalen Heilsbringer, wie ihn verschiedene prophetische Texte ankündigen. Es wurde angenommen, dass dieser Heilsbringer ein Nachkomme Davids sein würde, der das Königtum als Friedensbringer wiederherstellen würde, sodass sich die Verheißung des ewigen Königtums der davidischen Dynastie (2. Sam 7,16) erfüllen würde.

Straßenzug

Aus verschiedenen Materialien und Gegenständen eine Straße aus biblischer Zeit aufbauen und darin eine Geschichte erleben.

Material: Grundmaterial (z. B. Karton, Papierrolle, Pinnwandpapier/Packpapier, Decken, aber auch Stühle und Tische, evtl. Holzleisten) und geeignetes Befestigungsmaterial (z. B. Klebebänder, Klebstoff, Schnüre, Hammer, Nägel, Bohrer), Plakatfarben und Pinsel oder (wasservermalbare) Wachsmalstifte, Requisiten aus dem Raum, Straßenbauaufträge auf Zetteln, Bibellexikon

Beschreibung: Es eignen sich Geschichten, die in einem Dorf oder einer Stadt spielen. Die Kinder zu Beginn in die damalige Lebenswelt und das Material einführen. Mit dem ausliegenden Material wird dann passend zur Geschichte ein Straßenzug gestaltet und aufgebaut. Bei Bedarf können die Kinder in einem Bibellexikon nach weiteren Informationen suchen. Die einzelnen Schritte gut planen und Straßenbauaufträge vorbereiten (z. B. Häuser, Bäume, Marktstand, Zollhaus). Requisiten vor Ort (Pflanzen, Kaufladenzubehör) mit einbeziehen.
Je nach Größe der Gruppe mehrere Teams bilden, Aufträge austeilen. Dann gehen die Kinder ans Werk. Eine Person aus dem Team ist vom Straßenbau freigestellt und behält den Überblick über das Geschehen. Anschließend wird die Geschichte erzählt. Die Kinder spielen spontan als Protagonistinnen und Protagonisten mit. Eine Rollenzuweisung kann während des Spielens erfolgen.

Bibeltext: Hier wird der Einzug Jesu in die Stadt Jerusalem erzählt und dargestellt. Die Tür zum Gruppenraum dient als Tor. Für die Gestaltung bietet sich der Weg zur Stadt (Wiesen, Weiden, einzelne Gehöfte) und die Straße hinter dem Stadttor (Läden, Wohnhäuser, Werkstätten) an.

Tipps: Einmal erstellte flache Kulissen aus Pappe lassen sich lagern und auch für Theaterspiele verwenden. Gibt es Pinnwände vor Ort, können Häuserfronten auf Pinnwandpapiere gemalt und auf die Wände angebracht werden. Großflächiges Malen mit Wachsmalstiften gelingt, wenn die Kinder Details und Umrisse deckend malen, die Flächen jedoch nur linieren oder mit wenig Druck die Farben pastellartig auftragen.

Kompetenzen: Die Kinder können mit vorhandenem Material konstruieren und gestalten und mit anderen Kindern zusammenarbeiten. Sie können in die biblische Welt eintauchen und eine Geschichte miterleben.

•• Roter Faden / Lese-Bilder / Band AT1: Mitmachgeschichte

Fantasiefigur

Mit Fantasiefiguren (biblische) Geschichten deuten und über die Handlung sprechen.

Material: Karteikarten mit Fantasiefiguren, Stifte, evtl. Bilder zur Geschichte, Requisiten für ein Theaterstück, Bibeln

Beschreibung: Biblische Geschichten enthalten oft eine „Menge“ oder nicht genannte Personen, die zu einer Gruppe, Familie oder einem Haus gehören. Mit dieser Methode erhalten sie eine Stimme und können ausdrücken, was sie bewegt.
Im Vorfeld werden Fantasiefiguren auf Karteikarten geschrieben, die die Erzählerin / der Erzähler dann auslegt. Als Fantasiefiguren bieten sich Vertreterinnen/Vertreter verschiedener gesellschaftlicher Gruppen und/oder Berufe an: z. B. junge Frau, alter Mann, Schulkind, Witwe; Feldarbeiter, Weingärtner, Schafscherer, Handwerker, Töpfer, Sänger, Richter, Künstler, Prophet, Verkäufer, Bäcker. Die Kinder suchen sich eine Figur aus. Sie schreiben auf die Rückseite der Karte Einzelheiten zu ihrer Fantasiefigur wie Augenfarbe, Haarfarbe, Alter, Name. Für den Einsatz gibt es verschiedene Möglichkeiten: **1.** Bildbetrachtung: Die Kinder positionieren ihre Figur (Karte) neben den dargestellten Figuren. **2.** Theaterspiel: Die Kinder mischen sich als Fantasiefiguren unter die Akteurinnen und Akteure. **3.** Bibellesen: Den Text abschnittsweise lesen. Nach jedem Stopp überlegen die Kinder, ob in der Menge ihre Fantasiefigur vorkommt. Sie geben sich mit ihrer Figur zu erkennen und bringen deren Sicht in den Austausch mit ein.
Für ein Gespräch mit den Figuren lässt die Erzählerin / der Erzähler freiwillige Kinder zu Wort kommen. Sie stellen ihre Fantasiefigur jeweils kurz vor und nehmen Stellung zu Fragen wie: Was hat deine Figur gerade erlebt? Was hat sie beobachtet? Was hat sie alles gehört? Was fühlt deine Fantasiefigur? Was denkt deine Figur über die Personen der Geschichte oder über das, was die Personen tun? Was fragt oder wünscht sich deine Figur gerade? Was wird deine Fantasiefigur als nächstes tun?

Bibeltext: Wurde die Methode „Straßenzug“ durchgeführt, kann diese mit dem Theaterspiel verbunden werden. Für den Dialog einige der oberen Fragen auswählen.

Kompetenzen: Die Kinder können sich mit ihren Fantasiefiguren identifizieren und die Handlung aus deren Perspektive wahrnehmen und deuten. Sie können mithilfe der Figuren Gedanken zur Geschichte äußern.

•• Lebendige Marionetten / Frottage / Band NT1: Figurenwahl

Wollfaden-Bilder

Mit verschiedenen Garnen Bilder zu (biblischen) Geschichten oder Themen gestalten.

Material: stabiles Papier, Bleistifte, Garne unterschiedlicher Farben und Dichte (z. B. Baumwolle, Naturwolle, Filzwolle, Schafwolle, Effektwolle/Fransengarn, Leinen, Seide, Bambus, Makramee-Garn, synthetische Fasern), Scheren, Klebstoff, abwaschbare Tischdecken, evtl. Buntstifte

Beschreibung: Die Tische abdecken und ausgewähltes Material auf einem Nebentisch präsentieren. Die Kinder überlegen sich ein Motiv zur Geschichte oder zum Thema. Sie skizzieren auf einem stabilen Papier mit dem Bleistift die Umrisse des Bildes. Auf die Linien tragen sie nacheinander Klebstoff auf. Danach legen sie je einen Wollfaden nach Wahl auf die Klebstofflinie und drücken ihn leicht an. Durch unterschiedliches Material entstehen verschiedene Muster und Effekte. Für die Weiterarbeit am Bild können bestehende Umrisse mit weiteren Wollfäden spiralförmig ausgefüllt, mit Effektwolle/Fransengarn hervorgehoben oder mit Buntstiften bemalt werden.

Bibeltext: Es gibt viele Motive in der Geschichte, die gut gestaltet werden können, z. B. Esel, Jesus, Kleider, Zweige.

Kompetenzen: Die Kinder können zu einer Geschichte Motive entwickeln. Sie können durch das Aufzeichnen von Formen und das Kleben mit Fäden gestalten und verbinden.

•• Fensterbild / Visitenkarten / Band AT2: Reißbilder

MATTHÄUS 21,12-17

Jesus im Tempel

[12] Jesus ging in den Tempel und trieb alle Händler und Käufer hinaus. Er stieß die Tische der Geldwechsler und die Stände der Taubenverkäufer um [13] und sagte zu ihnen: „In den Heiligen Schriften steht, dass Gott erklärt hat: ‚Mein Tempel soll eine Stätte sein, an der die Menschen zu mir beten können!' Ihr aber macht eine Räuberhöhle daraus!" [14] Dann kamen dort im Tempel Blinde und Gelähmte zu ihm, und er heilte sie. [15] Die führenden Priester und die Gesetzeslehrer sahen die Wunder, die Jesus tat, und sie hörten, wie die Kinder im Tempel laut riefen: „Gepriesen sei der Sohn Davids!" Da wurden sie wütend [16] und fragten Jesus: „Hörst du, was die da rufen?" Jesus sagte zu ihnen: „Gewiss! Habt ihr denn nie gelesen, was in den Heiligen Schriften steht: ‚Du, Gott, sorgst dafür, dass die Unmündigen und die kleinen Kinder dich preisen'?" [17] Damit ließ er sie stehen, ging aus der Stadt hinaus und übernachtete in Betanien.

Einführung

Der äußere Vorhof des Tempels in Jerusalem war von Säulenhallen umgeben. Dieser Hof, den auch Nicht-Juden betreten durften, erfüllte die Funktion eines Marktplatzes. Hier wurden mit Erlaubnis der Tempelbehörde Opfertiere verkauft und die Tempelsteuer eingenommen. In der Säulenhalle saß der Hohe Rat als oberste Behörde des Judentums. Mit der Vertreibung der Geldwechsler und Händler wendet Jesus sich nicht gegen die Besucherinnen und Besucher des Tempels, auch nicht gegen den Kauf eines Opfertieres vor Ort, denn Pilgernde konnten ihre Opfergabe nicht mitbringen. Er wendet sich gegen die Tatsache, dass aus dem Handel mit Opfertieren Profit geschlagen wird. So stellt er den eigentlichen Sinn des Tempels als Ort des Gebetes wieder her und begründet dies mit Zitaten aus Jesaja 56,7 und Jeremia 7,11. Und Jesus tut noch mehr: Er heilt Blinde und Lahme, die wegen ihrer Behinderung keinen Zutritt zum Tempel haben, da sie als unrein gelten. Er zeigt: Auch sie sind willkommen. Der Lobpreis der Kinder, der die Priester und Gesetzeslehrer erbost, wie auch die Antwort Jesu an diese religiösen Führer, verweisen auf Psalm 8,3. Sie sollen zeigen, dass Jesus der im Alten Testament angekündigte Messias ist.

Tempel: Haus Gottes und zentrales Heiligtum in Jerusalem. In neutestamentlicher Zeit Umbau unter Herodes dem Großen (37 – 4 v. Chr.), wobei die Maße der Haupthalle und des „Allerheiligsten" unverändert blieben. Wie in anderen Tempeln des Alten Orients auch war das eigentliche Tempelgebäude umgeben von mehreren Vorhöfen, deren „Heiligkeit" der Vorstellung nach von außen nach innen zunahm. Je „heiliger" der Bereich des Tempels war, desto weniger Personen hatten Zutritt: Den äußersten Vorhof durften alle Menschen, selbst Nicht-Juden, betreten. Es folgten der Reihe nach die Vorhöfe der Frauen, der Männer und schließlich der Priester. Das „Allerheiligste" als Ort der Gegenwart Gottes auf Erden und heiligster Bereich des Tempels durfte ausschließlich vom Hohepriester und auch nur einmal im Jahr (am Versöhnungstag) betreten werden.

Geldwechsler: Im Tempel waren nur Münzen aus Tyrus akzeptiert. Die Geldwechsler wechselten andere Währungen mit einem Schekel Aufschlag.

Priester und Gesetzeslehrer: einflussreichste Gruppe des Hohen Rates.

Imaginäres Spiel

Gelenkte Geschichte, in der innere Bilder entwickelt und dargestellt werden.

Material: Erzähltext

Beschreibung: Bei dieser Methode erwecken die Kinder Orte, Räume, Gegenstände oder Personen aus einer Geschichte zum Leben. Dafür braucht es einen möglichst leeren und ausreichend großen Raum. Wer erzählt, sollte die Handlung gut kennen und sich vorher den Raum einteilen, gerade wenn die Geschichte aus mehreren Szenen besteht.
Die Erzählerin / der Erzähler beginnt mit den Kindern in einem Teil des Raumes und entfaltet die Geschichte. Dabei sollte darauf geachtet werden, dass alle Wahrnehmungen ausgesprochen und Orte, Gegenstände oder Personen konkret benannt werden. „Da vorn ist ein Busch. Merkwürdig. Es sieht so aus, als ob er leuchtet. Kommt, das schauen wir uns genauer an (2. Mose 3)." „Ich sehe große, hohe Säulen. Und davor steht ein kleines Gehege mit Tauben. Kommt, wir gehen mal hin" (Mt 21,12). Freiwillige Kinder steigen mit ein und interpretieren pantomimisch Pflanzen, Gegenstände, Tiere oder Menschen aus der Geschichte. Besteht die Geschichte aus mehreren Szenen, sollten die jeweiligen Spielorte bewusst verlassen und die Kinder, die mitgespielt haben, aus der Szene entlassen werden. Das geschieht am besten durch einen örtlichen Wechsel im Raum. Alle Kinder sollten beteiligt werden. Es ist möglich, einzelne Darstellungen aufzugreifen, Fragen zu stellen, Szenen zu verdichten und/oder mit den Kindern zu deuten.

Bibeltext: Den Raum gedanklich aufteilen in einen inneren und äußeren Bereich des Tempels. Für eine Einführung in den Tempel Gegenstände aus dem inneren Bereich aufgreifen (Menora, Schaubrottisch, Räucheraltar). Die eigentliche Geschichte spielt dann im äußeren Vorhof, in dem sich die Tische der Geldwechsler und die Opfertiere befinden (Säulen, Händler, Tiere, Jesus).

Kompetenzen: Die Kinder können ihren Körper als Ausdrucksmittel einsetzen und innere Bilder darstellen. Sie können Rollen einnehmen, Bilder, Motive und Personen zum Leben erwecken. Sie können sich als Spielende und Zuschauende erleben.

•• Bibel-Lern-Duett / Erzählscheibe / Band AT2: Hausdurchsuchung

Ergänzungs-Collage

Die Kinder deuten einen Bildausschnitt und ergänzen passende Motive.

Material: Bild zur Geschichte (hier: Vorlage aus dem Download); DIN-A2-Tonkarton in Weiß, Stifte, Scheren, Klebstoff, weißes und farbiges Papier, evtl. Kataloge/Zeitschriften, hier: Bild- und Infomaterial über den Tempel

Beschreibung: Die Kinder arbeiten in Gruppen von bis zu vier Kindern. Die Geschichte wurde bereits erzählt. Ein kopiertes oder gedrucktes Bild zur Geschichte wird auseinandergeschnitten und jede Gruppe erhält einen Bildausschnitt, der auf einen weißen DIN-A2-Tonkarton geklebt ist. Die Kinder erzählen einander, was sie auf dem Bildausschnitt sehen, und überlegen, was auf dem Tonkarton ergänzt werden soll, damit die gehörte Geschichte vollständig ist. Sie erstellen durch Malen, Reißen, Schneiden und Kleben die Motive, die sie am Schluss auf dem Tonkarton zu einer Collage ordnen und aufkleben.

Bibeltext: Das Bild aus den Downloads auf DIN A3 ausdrucken. Auf einem Nebentisch evtl. Hintergrundmaterial zum Tempel auslegen.

Hinweis: Auch als Einzelarbeit möglich. Jedes Kind erhält einen Bildausschnitt, den es auf stabiles Papier klebt und ergänzt.

Kompetenzen: Die Kinder können einen Bildausschnitt deuten und ein Bild weiterentwickeln. Sie können Grob- und Feinmotorik trainieren, ihre Wahrnehmungsfähigkeit und Fantasie schulen und schöpferisch tätig sein.

•• Wollfaden-Bilder / Gegen-Sätze / Band NT1: Bilder-Folge

Rangfolge

Durch Streichen und Priorisieren Aussagen gewichten.

Material: Aussagen auf Karteikarten, Stifte

Beschreibung: Die Kinder gehen zu zweit zusammen. Sie erhalten sechs Aussagen zu einer Geschichte oder zu einem Thema. Jede Aussage steht auf einer separaten Karteikarte. Die Kinder haben 5 Minuten Zeit, drei der Aussagen beiseitezulegen und dann die übrigen drei in eine Reihenfolge zu bringen. Dabei steht die 1 für die wichtigste oder beste Aussage. Die Moderation lässt Kinder ihre Rangfolge vorstellen und begründen. Sie vertieft durch Fragen und vergleicht die verschiedenen Ergebnisse.

Bibeltext: Mögliche Aussagen: „Der Tempel ist ein Ort des Gebets.“, „Jesus heilt Blinde und Gelähmte.“, „Wunder können Glauben auslösen.“, „Die Kinder loben Jesus als Sohn Davids.“, „Die Kinder verstehen, wer Jesus ist – im Gegensatz zu den Gesetzeslehrern?“, „Jesus stellt das Tun der Kinder besonders heraus.“.

Kompetenzen: Die Kinder können verschiedene Aussagen dem Inhalt nach verstehen und deuten. Sie können sie reduzieren und bewerten, ihre Wahl erklären und begründen.

•• Stuhlwahl / Fragenpuzzle / Band AT1: Stimmungsthermometer

LUKAS 22,14-23

Jesus feiert mit den Aposteln das Abschiedsmahl

14 Als die Stunde gekommen war, setzte sich Jesus zu Tisch und die Apostel mit ihm. 15 Er sagte: „Ich habe mich sehr danach gesehnt, dieses Passamahl mit euch zu feiern, bevor ich leiden muss. 16 Denn ich sage euch: Ich werde es erst wieder feiern, wenn das, worauf jedes Passamahl hinweist, in der neuen Welt Gottes zur Erfüllung gekommen ist.“ 17 Dann nahm er den Becher mit Wein, sprach darüber das Dankgebet und sagte: „Nehmt diesen Becher und teilt ihn unter euch! 18 Denn ich sage euch: Ich werde erst wieder Wein trinken, wenn die neue Welt Gottes da ist.“ 19 Dann nahm Jesus ein Brot, sprach darüber das Dankgebet, brach es in Stücke und gab es ihnen mit den Worten: „Das ist mein Leib, der für euch geopfert wird. Tut das immer wieder, damit unter euch gegenwärtig ist, was ich für euch getan habe!“ 20 Ebenso nahm er nach dem Essen den Becher mit Wein und sagte: „Dieser Becher ist Gottes neuer Bund, der in Kraft gesetzt wird durch mein Blut, das für euch vergossen wird. 21 Aber ihr müsst wissen: Der Verräter sitzt hier mit mir am gleichen Tisch. 22 Der Menschensohn muss zwar den Weg gehen, der ihm bestimmt ist; aber wehe dem Menschen, der ihn verrät.“ 23 Da fingen sie an, einander zu fragen, wer von ihnen es wohl sei, der so etwas tun würde.

Einführung

Das Passamahl bestand zur Zeit Jesu aus gebratenem Lamm, ungesäuertem Fladenbrot, verschiedenen Kräutern, Fruchtmus, Salzwasser (in das die Kräuter getunkt wurden) und Wein. Nach der Zerstörung des Jerusalemer Tempels 70 n. Chr. kam noch hartgekochtes Ei als ein Symbol der Trauer hinzu. In dieser Form wird das Passamahl im Judentum auch heute noch gefeiert. Es erinnert an die Nacht vor dem Auszug aus Ägypten, als die Israelitinnen und Israeliten zum ersten Mal das Passa feierten. In alttestamentlicher Zeit wurde das Blut des Passalammes in Anknüpfung an die Exoduserzählung als ein Zeichen gedeutet, das das Volk Israel vor dem Tod retten sollte. Als Jesus mit den Aposteln das Passamahl einnimmt, knüpft er an diese Tradition an und erhebt sie zum Zeichen für das Heil des Gottesvolkes, das durch seinen Tod gerettet wird. Damit schließt er, im Anschluss an den Bund, den Gott am Sinai mit dem Volk Israel geschlossen hatte, einen neuen Bund. Das Brot steht für den geopferten Leib. Durch sein Sterben schenkt Jesus sich selbst und verbindet seine Nachfolgerinnen und Nachfolger zu einem Leib, der Gemeinde. Der Wein steht für das vergossene Blut, das die Vergebung der Sünden und damit die Rettung vor dem Tod symbolisiert. Doch die Vertrautheit beim letzten Mahl ist brüchig. Ein Verräter sitzt mit am Tisch. Er wird nicht mit Namen benannt und auch von seiner Reaktion lesen wir bei Lukas nichts. Damit richtet der Verfasser den Blick darauf, dass jede und jeder zur Verräterin oder zum Verräter werden könnte.

Apostel: bedeutet „Ausgesandte“, die die Gute Nachricht verkünden. Im Lukasevangelium und der Apostelgeschichte meist auf den Kreis der zwölf bekanntesten Jünger begrenzt, wobei Judas nach Jesu Tod durch Matthias ersetzt wurde (Apg 1,15-26). In den Briefen auch im erweiterten Sinn gebraucht, so z. B. Andronikus und Junia (Röm 16,7).

Neuer Bund: Jesus setzt den Neuen Bund durch sein Sterben und seine Auferstehung in Kraft. Er befreit durch das Wirken des Geistes von der Schuld. Zeichen dieses Bundes ist der Kelch (1. Kor 11,25).

Lese-Bilder

(Biblische) Texte mithilfe von Schlüsselbildern lesen und verstehen.

Material: Bibeltext mit Bildern

Beschreibung: Diese Methode eignet sich für Erstlesende. Der Bibeltext wird in einer leicht verständlichen Übersetzung in ein Textdokument übertragen und vergrößert. Bekannte Substantive werden durch einfache und eindeutige Abbildungen (aus dem Internet) ersetzt. Auch einige unbekannte Wörter können durch Bilder ersetzt werden. Diese in einer Legende unter dem Text erneut einfügen, benennen und erklären.
Jedes Kind erhält den Text und liest ihn für sich durch. Sind Kinder dabei, die nicht lesen können, liest eine erwachsene Person dieser Gruppe den Text langsam vor, die Kinder „lesen" mit dem Finger mit und verfolgen das Gehörte anhand der Bilder. Nach dem Lesen wird der Bibeltext in der Gesamtgruppe mündlich zusammengetragen.

Bibeltext: Für den Lesetext bekannte Substantive wie z. B. Tisch, Becher, Brot, Wein durch Bilder ersetzen. Danach auf das Passafest und seine Bedeutung eingehen.

Tipp: Es können nicht nur Texte aufbereitet, sondern auch Vorlagen für Gebete und Segenswünsche erstellt werden, die mehrfach zum Einsatz kommen können.

Kompetenzen: Die Kinder können Bilder beim Lesen in Wörter übersetzen. Sie können Text und Illustrationen als Hilfestellung zum Textverständnis nutzen und unbekannte Wörter aus dem Kontext erschließen.

•• Lese-Rolle / Handpuppen / Band NT1: Lese-Pingpong

LUKAS 22,14-20

14 Als die Stunde gekommen war, setzte sich zu und die Apostel
mit ihm. 15 Er sagte: „Ich habe mich sehr danach gesehnt, dieses Passamahl
mit euch zu feiern, bevor ich leiden muss. 16 Denn ich sage euch: Ich werde es
erst wieder feiern, wenn das, worauf jedes Passamahl hinweist, in der neuen
Gottes zur Erfüllung gekommen ist." 17 Dann nahm er den mit ,
sprach darüber das und sagte: „Nehmt diesen und teilt ihn unter
euch! 18 Denn ich sage euch: Ich werde erst wieder Wein trinken, wenn die
neue Gottes da ist." 19 Dann nahm Jesus ein sprach darüber das
, brach es in Stücke und gab es ihnen mit den Worten: „Das ist mein
Leib, der für euch geopfert wird. Tut das immer wieder, damit unter euch
gegenwärtig ist, was ich für euch getan habe!" 20 Ebenso nahm er nach dem
Essen den mit und sagte: „Dieser ist Gottes neuer Bund, der
in Kraft gesetzt wird durch mein (Blut), das für euch vergossen wird.

Bildvergleich

Zwei Bilder zu einer Geschichte betrachten und vergleichen.

Material: 2 Bilder (evtl. mehrfach kopiert), evtl. DIN-A2-Plakate, Klebstoff und Stifte in zwei verschiedenen Farben, Muggelsteine in Rot, Blau und Grün

Beschreibung: Es gibt verschiedene Möglichkeiten: **1.** Zwei Bilder zu einer Geschichte werden vor dem Lesen verglichen. Die Kinder stellen Vermutungen zur Handlung an. **2.** Nach einer gehörten Geschichte die Bilder miteinander vergleichen: Welcher Moment der Geschichte wurde umgesetzt? Was findet sich in beiden Bildern wieder, was nur in einem Bild? **3.** Die Kinder erhalten farbige Muggelsteine. Mit roten Steinen wird markiert, welche Motive in jedem Bild vorkommen. Dann die roten Steine entfernen. Mit blauen Steinen wird markiert, welche Motive nur in Bild 1 vorkommen, mit den grünen, was nur in Bild 2 vorkommt. **4.** Die Bilder mehrfach kopieren und je zwei verschiedene Bilder nebeneinander so auf ein Plakat kleben, dass außen herum Platz zum Schreiben bleibt. Die Plakate im Raum aushängen. Die Kinder gehen paarweise zusammen. Sie schreiben Gemeinsamkeiten und Unterschiede neben die Bilder. Das geschieht mit zwei verschiedenen Stiftfarben. Anschließend gehen sie durch den Raum und lesen die Beobachtungen der anderen. **5.** Mit älteren Kindern die Perspektive des Bildes, die Farbgebung, Wahl und Gestaltung der Figuren vergleichen. Oder ein Bild aus der Kunst und ein Bild einer Kinderbibel vergleichen. – Die Moderation setzt mit Fragen oder Suchaufträgen Impulse, hält sich aber mit eigenen Beobachtungen zurück.

Bibeltext: Zwei Bilder aus unterschiedlichen Kinderbibeln wählen. Mit farbigen Muggelsteinen arbeiten und die ausgelegten Motive markieren. Fragen: Was ist gleich/ähnlich? Warum waren die Motive der Künstlerin / dem Künstler wichtig? Was kommt nur auf einem Bild vor? Warum wurde ein Gegenstand oder eine Person vielleicht weggelassen? Welches Bild würdest du zum Erzählen der Geschichte verwenden und warum?

Varianten: Beim „Text-Bild-Vergleich" (Band AT2) wird ein Bibeltext mit einer oder mehreren bildlichen Darstellungen verglichen. Der „Textvergleich" (Band NT1) betrachtet zwei Bibeltexte und untersucht sie auf Besonderheiten und Unterschiede.

Kompetenzen: Die Kinder können Abbildungen miteinander vergleichen. Sie können ihre Beobachtungen und Eindrücke benennen und mit denen anderer Kinder vergleichen.

•• Dolmetscher / Puppentheater / Band AT2: Text-Bild-Vergleich

Liturgische Handlung

  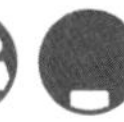 

Elemente der christlichen Liturgie in religiösen Kontexten mit Kindern erleben.

Material: je nach Handlung vorbereiten und zusammenstellen; hier: didaktische Impulsfragen zur Liturgie und Grundsatztexte zum Abendmahl (s. Downloads)

Beschreibung: Die Liturgie legt den Ablauf des christlichen Gottesdienstes fest. Zu den Handlungen gehören Eingang, Gebete (z. B. Dank, Buße, Klage, Fürbitte, Vater Unser), Gesang, Lesung, Predigt, Abendmahl/Eucharistie, Glaubensbekenntnis und Segen. Liturgische Farben schmücken im Verlauf des Kirchenjahres Kanzel und Altar.
Die Liturgische Handlung ist keine Methode. Sie fragt danach, wie sich die christliche Liturgie in der Begegnung von Kindern mit religiösen Inhalten zeigt. In Kindergottesdiensten und Familienfeiern wird das anders aussehen als im Schulgottesdienst in einem multikulturellen Umfeld oder im Religionsunterricht. In der Vorbereitung ist es wichtig, sich mit einigen grundlegenden Fragen und, wenn möglich, mit den Grundsatztexten zur jeweiligen liturgischen Handlung auseinanderzusetzen.

Bibeltext: Das Abendmahl / die Eucharistie ist eine tiefe und sinnliche Erfahrung. Ob und wie eine solche Feier möglich ist, liegt in der Entscheidung der Synode/Gemeinde vor Ort und in der Verantwortung der Eltern. Die Leiterin / der Leiter führt kindgerecht in die Handlung ein. Die Kinder sollen wissen, was Brot und Wein bedeuten und warum das Abendmahl / die Eucharistie in der Gemeinschaft der Christinnen und Christen gefeiert wird. Alternativ bietet sich ein kleines Fest an, bei dem sich die Gruppe bei Getränk und Keksen über die Geschichte austauscht.

Kompetenzen: Die Kinder können liturgische Handlungen erleben und daran teilhaben. Sie können Beten, Singen und andere Rituale als Ausdruck des Glaubens verstehen. Sie können mitfeiern und mitgestalten.

•• Lege-Mosaik / Zeitzeugen / Band NT1: Kleine Feier

LUKAS 22,39-46

Jesus betet im Garten Getsemani

39 Jesus ging wie gewohnt zum Ölberg und seine Jünger folgten ihm. 40 Als er dort war, sagte er zu ihnen: „Betet darum,
dass ihr in der kommenden Prüfung nicht versagt.“ 41 Dann
ging er allein weiter. Einen Steinwurf von ihnen entfernt
kniete er nieder und betete: 42 „Vater, wenn es dein Wille
ist, dann erspare es mir, diesen Kelch trinken zu müssen.
Aber dein Wille soll geschehen, nicht der meine!“ 43 Da erschien ihm ein Engel vom Himmel und gab ihm Kraft. 44 In
seiner Todesangst betete Jesus noch angespannter und sein
Schweiß tropfte wie Blut auf den Boden. 45 Als er sich vom
Gebet erhob und wieder zu den Jüngern kam, schliefen
sie; so erschöpft waren sie vor Kummer. 46 „Wie könnt ihr
schlafen?“, sagte er zu ihnen. „Steht auf und betet, damit
ihr in der kommenden Prüfung nicht versagt!“

Einführung

Über dem Kidrontal erhebt sich der Ölberg. Von dort aus bietet sich ein Ausblick auf Jerusalem und den Tempelberg. Wie der Name vermuten lässt, wuchsen hier in der Antike Olivenbäume und es gab zahlreiche Ölpressen, um die Oliven gleich vor Ort verarbeiten zu können. Nach dem Passamahl verbringt Jesus die Nacht mit seinen Jüngern im Garten Getsemani. Nur der Evangelist Lukas erwähnt den Engel, der Jesus im Gebet stärkt. Der Fokus liegt hier, anders als in den anderen Evangelien, auf der gesamten Gruppe der Jüngerinnen und Jünger. Laut den Evangelisten Matthäus und Markus nimmt Jesus zunächst Petrus, Johannes und Jakobus mit sich und geht dann nochmals allein weiter.

Getsemani: vermutlich ein von einer Mauer umgebener Olivenhain mit einer Ölpresse am Fuß des Ölbergs. Mit Blick auf die Berichte der Evangelien kann davon ausgegangen werden, dass Jesus während seines Jerusalem-Aufenthaltes hier – möglicherweise in einer Grotte oder Hütte auf dem Grundstück – übernachtete, nachdem er tagsüber im Tempel gelehrt hatte (Lk 21,37).

Erzählfiguren

Durch bewegliche Figuren eine Identifikation mit einer (biblischen) Gestalt oder einer Lebenssituation ermöglichen.

Material: Erzählfiguren aus Kursen oder Handel (z. B. Biblische Erzählfiguren von Egli; hier: 1 Jesusfigur, 3 weitere Figuren), passende Requisiten (hier: ca. 1 m x 1 m brauner Filzstoff, Streumaterial aus Holz oder Filz, grüne Tücher aus Baumwolle oder Chiffon)

Beschreibung: Die bekannten Erzählfiguren sind voll beweglich, Bleifüße verleihen einen sicheren Stand, biegsame Hände ermöglichen es, zu greifen. Auch Bekleidung und Schuhe sind austauschbar. Die Figuren haben kein Gesicht und können je nach Haltung unterschiedliche Gefühlsregungen ausdrücken. Durch die ausdrucksstarke Körpersprache ermöglichen die Figuren eine hohe Identifikation mit den biblischen Gestalten einer Geschichte. Das emphatische Mitfühlen kann sehr stark sein, hier sollte behutsam mit den Reaktionen der Kinder umgegangen werden. Auch das Spiel mit den Figuren erfordert etwas Übung und einen achtsamen Umgang.
Möglichkeiten für das Erzählspiel: **1.** Mit einer einzelnen Figur spielen und damit in eine Erzählung einsteigen. Eine Figur wird durch die gesamte Geschichte begleitet, durch verschiedene Körperhaltungen und Bewegungen werden ihre Gefühle ausgedrückt und ihre Handlungen veranschaulicht. **2.** Eine Szene im Vorfeld aufbauen, die einzelnen Figuren einführen und die gesamte Geschichte spielen. Dabei werden die Figuren entsprechend der Handlung bewegt und dabei immer auch in Verbindung mit anderen Figuren gebracht, indem sie sich anschauen, Gesten ausdrücken oder sich berühren. **3.** Die Geschichte während des Erzählens nach und nach aufbauen. **4.** Im Vorfeld mehrere Szenen der Geschichte aufbauen. Während der Erzählung folgen die Kinder den Szenen und betrachten die Figuren.

Bibeltext: Einen braunen Filzstoff als Bodentuch auslegen. Kleine grüne Tücher locker auslegen, mit Streumaterial (Blüten, Blätter) ergänzen. Die Figuren einführen und damit spielen. Das Spielen mit der Jesusfigur braucht besondere Aufmerksamkeit.

Hinweis: Die Arbeitsgemeinschaft Biblische Figuren e. V. (www.abf-ev.de) und LEA-Erzählfiguren Deutschland e. V. (www.lea-erzaehlfiguren.de) bieten Kurse zur Herstellung der Figuren an.

Kompetenzen: Die Kinder können Figuren einer Geschichte betrachten und sich mit ihnen identifizieren. Sie können die Gefühle und Gedanken der Erzähl-Figuren wahrnehmen, für sich deuten und eigene Erfahrungen verarbeiten.

•• Gliederfiguren / Sprech-Motette / Band AT2: Biegepuppen

Geschichten-SMS

Den Kern einer Geschichte mit einer beschränkten Anzahl von Wörtern zusammenfassen.

Material: Bastelvorlage (s. Downloads) und entsprechendes Material; Stifte, Bibeln

Beschreibung: Die Smartphones im Vorfeld ausdrucken. Durch die Kästchen auf dem Bildschirm ist die Anzahl der Wörter, die verwendet werden können, begrenzt. Die Methode kann als Einzel-, Partner- oder Kleingruppenarbeit durchgeführt werden.
Form und Inhalt einer SMS erklären. Damit die Kinder einen Zugang zur Handlung bekommen, beantworten sie für sich oder in der Gruppe folgende Fragen: Was passiert in der Geschichte? Was will die Geschichte mir sagen? Dann wird die SMS geschrieben. Hinterher werden die Ergebnisse von Freiwilligen vorgelesen und gemeinsam reflektiert.

Bibeltext: Was geschah im Garten? Die Kinder schreiben eine Nachricht von Petrus an andere Jüngerinnen und Jünger Jesu, die nicht dabei waren.

Kompetenzen: Die Kinder können eine Geschichte für sich deuten. Sie können den Kern einer Geschichte in kurzen Sätzen zusammenfassen und einander vorstellen.

•• Emoji-Geschichte / Emojis / Band AT1: Textnachricht

Rollen-Vers

Mit Spulen und Papier einen Bibelvers oder ein Gebet gestalten.

Material: Holzspulen aus dem Handel (alternativ Aststücke), ca. 5 cm breit; Klebstoff, Schere, verschiedenes Papier, Farbstifte, Gummifaden / elastische Schmuckbänder, Holzperlen, stumpfe Nadeln, Stickgarn, evtl. Zick-Zack-Scheren

Beschreibung: Die Kinder schreiben jeweils auf einen Papierstreifen einen Bibelvers, der ihnen wichtig ist. Die Ränder der Streifen können mit einer Zick-Zack-Schere verziert werden. Den fertigen Streifen an einem Ende an die Spule kleben und aufrollen. Einen Gummifaden durch eine Holzperle fädeln und an der Perle verknoten. Perle und Faden um die Spule führen, am Ende nochmals einen Knoten setzen, diesen über die Perle streifen und damit den Rollen-Vers verschließen. Durch die Löcher der Spule kann Stickgarn gefädelt und an den Enden verknotet oder mit weiterem Garn umwickelt werden. Die Rollen-Verse können zur Erinnerung mit nach Hause genommen werden. Oder sie liegen im Gruppenraum als Rollen-Verse, Rollen-Gebete oder Rollen-Segenssprüche aus und werden in Gebetszeiten und zum Segen geöffnet und eingesetzt.

Bibeltext: Hier könnten Bitten um Gottes Hilfe in Bedrängnis, unter Druck und für Notzeiten formuliert und als „Rollen-Gebete" gestaltet werden.

Kompetenzen: Die Kinder können aus einer Geschichte einen für sie zentralen Vers abschreiben, verzieren und als Rolle gestalten.

•• Blinzelrunde / Foto-Story / Band NT1: Redestäbe

LUKAS 22,47-53

Jesus wird verhaftet

47 Noch während Jesus das sagte, kam ein Trupp von Männern, voran Judas, einer von den Zwölf. Er ging auf Jesus zu und wollte ihm den Begrüßungskuss geben. 48 Aber Jesus sagte zu ihm: „Judas, mit einem Kuss willst du den Menschensohn verraten?“ 49 Da merkten auch die Jünger, was bevorstand, und fragten: „Herr, sollen wir mit dem Schwert zuschlagen?“ 50 Und einer von ihnen hieb auf den Bevollmächtigten des Obersten Priesters ein und schlug ihm das rechte Ohr ab. 51 Aber Jesus sagte: „Halt! Hört auf!“ Er berührte das Ohr und heilte den Mann. 52 Dann wandte er sich an die führenden Priester, die Hauptleute der Tempelwache und die Ratsältesten, die ihn festnehmen wollten: „Warum rückt ihr hier mit Schwertern und Knüppeln an; bin ich denn ein Verbrecher? 53 Täglich war ich bei euch im Tempel und ihr seid nicht gegen mich vorgegangen. Aber jetzt ist eure Stunde gekommen. Jetzt haben die dunklen Mächte Gewalt über mich.“

Einführung

Noch in der Nacht erscheint ein Trupp von Männern. Der Begrüßungskuss zwischen einem Schüler und seinem Lehrer ist üblich, hier soll der Gesuchte damit kenntlich gemacht werden. Erst jetzt bemerken die Jüngerinnen und Jünger, was bevorsteht. Einer der Jünger (Joh 18,10 identifiziert ihn mit Petrus) versucht, Jesus zu verteidigen. Er ergreift sein Schwert und schlägt dem Bevollmächtigten des Obersten Priesters ein Ohr ab. Jesus aber untersagt den Jüngern den Kampf und heilt den Verletzten. Jesus lässt sich gefangen nehmen. Seine Jüngerinnen und Jünger fliehen in die Nacht (Mt 26,56).

Judas Iskariot: ein Jünger aus dem Zwölferkreis. Die Bedeutung des Beinamens ist unsicher, bedeutet aber am wahrscheinlichsten „Mann aus Kerijot“, einem Ort, der laut dem Alten Testament im Stammesgebiet Juda liegt (Jos 15,25). Er verrät Jesus für 30 Silberstücke an die führenden Priester. Als Jesus zum Tod verurteilt wird, gibt er das Geld zurück und begeht Suizid.

Menschensohn: in diesem Zusammenhang eine Figur aus der alttestamentlichen Apokalyptik (Dan 7,13), der einer Version des Propheten Daniel zufolge die universale, unvergängliche Herrschaft übertragen wird. In der Traditionsgeschichte mit dem Messias identifiziert, sodass Jesus in den Evangelien für sich in Anspruch nehmen kann, der vom Frühjudentum erwartete universale Friedensbringer zu sein.

Zeitlupe

Bewegungsabläufe einer Geschichte in Zeitlupe spielen, wahrnehmen und deuten.

Material: Bibeltext

Beschreibung: Die Erzählerin / der Erzähler liest die Geschichte in normaler Geschwindigkeit vor. Es werden Rollen verteilt oder Bewegungen erfunden, die zum Text passen. Beim nächsten Vorlesen reduziert die Erzählerin / der Erzähler das Tempo, z. B. mithilfe einer Hand, die kreisförmig immer langsamer bewegt wird, bis die Geschichte im Zeitlupentempo gespielt wird. Dabei das Sprechtempo mithilfe von Pausen zwischen den Sätzen angleichen. Nach der Zeitlupe reflektieren: Wie ging es den Kindern mit den langsamen Bewegungen? Gab es eine Szene oder Bewegung, die sie berührt hat? Welche Stelle ist wichtig für die Geschichte? Ist ihnen bei der Zeitlupe etwas aufgefallen, das sie zuvor nicht bemerkt hatten?

Bibeltext: Rollenverteilung: Jesus, Jüngerinnen und Jünger, Judas, Bevollmächtigter des Oberen Priesters, Priester, Hauptleute der Tempelwache, Ratsälteste. Szenen für die Zeitlupe: Menschen mit Schwertern und Knüppeln, Begegnung Jesus – Judas, Ratlosigkeit der Jüngerinnen/Jünger, Schwerthieb, Jesus gebietet Einhalt, Festnahme Jesu. Ist die Gruppe eher groß, sollte sie halbiert werden: Eine Gruppe spielt, die andere beobachtet. Nach dem ersten Durchgang wird gewechselt.

Variante: Das Gegenteil ist der „Zeitraffer", bei dem eine Geschichte und die Bewegungen beschleunigt werden. Die Methoden können kombiniert werden.

Kompetenzen: Die Kinder können ihre Bewegungen einem vorgegebenen Tempo anpassen. Sie können ihren Körper wahrnehmen und mit anderen ihre Erfahrung mit dem Tempowechsel reflektieren.

•• Astfiguren / Lese-Emotionen / Band NT1: Bewegte Bibeltexte

Drahtfiguren

Draht mit verschiedenen Werkzeugen zu unterschiedlichen Figuren biegen.

Material: Bastelvorlage (s. Downloads) und entsprechendes Material

Beschreibung: Die Kinder in das Material einführen. In einem ersten Schritt probieren die Kinder Material und Werkzeuge aus und biegen einfache Formen, Spiralen und Symbole. Dann wählen sie eine Person aus der Geschichte oder ein Motiv und biegen diese. Auch Tiere und Gegenstände lassen sich mit Draht formen. Zum Aufstellen eignen sich Trockensteckschaum, Styropor oder Holzklötze, die mit Löchern versehen und auf denen die Figuren fixiert werden.

Bibeltext: Zu Anfang wird besprochen, wer was formt, sodass jedes Kind eine Person der Geschichte, einen Gegenstand oder eine Pflanze aus dem Garten Getsemani gestaltet. Anschließend wird mit den Figuren die Verhaftungsszene gelegt oder gestellt.

Variante: Für besonders filigrane Gestaltung wie die Papierdrahtfiguren, bei denen Papierdraht mit Papierschnipseln, Zeitungs- oder Notenpapier kombiniert wird, eignet sich dünner Draht.

Kompetenzen: Die Kinder können Werkmaterial und Werkzeuge auswählen und fachgerecht einsetzen. Sie können eine Figur mit Draht formen und sie anderen vorstellen.

•• Fantasiefigur / Stopp-Motion-Film / Band AT1: Lebendige Bilder

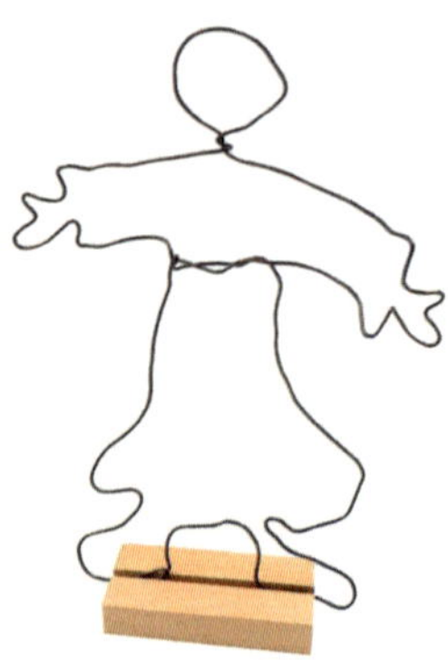

Fragenpuzzle

  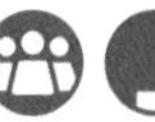 

Mithilfe einer zufällig erfolgten spielerischen Gruppenzuteilung mit anderen über eine Frage austauschen und Meinungen begründen.

Material: Blanko-Karten, dicke Stifte in verschiedenen Farben, Schere

Beschreibung: Für jede Gruppe eine Frage zu einer biblischen Geschichte oder einem Thema auf eine Blanko-Karte schreiben. Dabei für jede Frage eine andere Farbe wählen. Die Karten in Stücke zerschneiden. Bei 16 Kindern eignen sich vier verschiedene Fragen, die jeweils in vier Teile zerschnitten werden. Sind es beispielsweise 18 Kinder werden zwei Teile einer Farbe je ein weiteres Mal zerschnitten. Am Ende muss für jedes Kind der Gruppe genau ein Teil zur Verfügung stehen. Alle Teile in einen Behälter geben, aus dem die Kinder je ein Teil ziehen. Anschließend wird gesucht, wer die anderen Teile derselben Frage gezogen hat. Durch die verschiedenen Farben wird die Suche erleichtert. Ist die Frage zusammengesetzt, tauschen sich die Kinder über die Frage aus: Zunächst beantwortet jedes Kind die Frage. Auf ein Signal der Leitung hin wird gemeinsam entschieden, welche Antwort den anderen präsentiert werden soll. Die Kinder kommen alle zusammen. Jede Gruppe liest ihre Frage vor, gibt ihre Antwort und begründet diese auf Rückfrage.

Bibeltext: Hier eignen sich Fragen zum Bibeltext, zu denen die Kinder ihre Deutungen einbringen, z. B.: Warum rücken die Menschen mitten in der Nacht aus, um Jesus festzunehmen? Welche Gefühle sie wohl haben? Warum hat Judas wohl Jesus verraten? Wie geht es den beiden wohl, als sie sich gegenüberstehen? Was erzählt der Bevollmächtigte des Obersten Priesters vielleicht später seiner Frau? Ob es auch heute Situationen gibt, in denen Menschen Jesus verraten?

Kompetenzen: Die Kinder können sich selbstständig zu einer Frage austauschen und dabei verschiedene Gedanken und Meinungen kennenlernen. Sie können sich auf eine Antwort einigen, sie anderen nennen und begründen.

•• Frage-Antwort-Salat / Kreiselgespräch / Band NT1: Fragenattacke

LUKAS 22,54-62

Petrus verleugnet Jesus

54 Sie nahmen Jesus fest, führten ihn ab und brachten ihn in das Haus des Obersten Priesters. Petrus folgte ihnen in weitem Abstand. 55 Im Hof war ein Feuer angezündet. Viele saßen darum herum, und Petrus setzte sich mitten unter sie. 56 Eine Dienerin bemerkte ihn im Schein des Feuers, sah ihn genauer an und sagte: „Der da war auch mit ihm zusammen!" 57 Aber Petrus stritt es ab: „Frau, ich kenne ihn überhaupt nicht!" 58 Bald darauf wurde ein Mann auf ihn aufmerksam und sagte: „Du gehörst doch auch zu denen!" Aber Petrus widersprach: „Mensch, ich habe nichts mit ihnen zu tun!" 59 Etwa eine Stunde später bestand ein anderer darauf und sagte: „Kein Zweifel, der war auch mit ihm zusammen, er ist doch auch aus Galiläa." 60 Aber Petrus stritt es ab: „Mensch, ich weiß überhaupt nicht, wovon du sprichst!" Und sofort, während er noch redete, krähte ein Hahn. 61 Der Herr drehte sich um und sah Petrus an. Da fiel Petrus ein, was er zu ihm gesagt hatte: „Bevor heute der Hahn kräht, wirst du mich dreimal verleugnen und behaupten, dass du mich nicht kennst." 62 Und er ging hinaus und begann, bitter zu weinen.

Einführung

Petrus folgt der Schar in das Haus des Obersten Priesters und setzt sich zu den Bediensteten ans Feuer. Innerhalb einer Stunde leugnet er dreimal, Jesus zu kennen. Dabei hatte er zuvor noch versprochen, mit Jesus ins Gefängnis zu gehen und sogar für ihn zu sterben (Lk 22,31-34). Der Evangelist Lukas berichtet aber nicht nur vom Versagen des Petrus. Bereits als Jesus ihm ankündigt, dass er ihn verraten wird, hebt er hervor, dass Petrus trotz seiner Schwäche eine wichtige Aufgabe zufallen wird: „Ich habe für dich gebetet, dass dein Glaube an mich nicht aufhört. Wenn du dann wieder zu mir zurückgefunden hast, musst du deine Brüder und Schwestern im Glauben an mich stärken!" (V. 32).

Galiläa: Landschaft im Norden des heutigen Israel. Nazaret, wo Jesus seine Kindheit verbrachte, liegt in Galiläa.

Sprech-Motette

Bibeltexte oder eigene Inhalte zu einem Thema dramaturgisch mit anderen rezitieren.

Material: 1 Bibeltext pro Person, Stifte

Beschreibung: Die Kinder erhalten je eine Bibel in derselben Übersetzung oder einen ausgedruckten Bibeltext. Der Bibeltext wird gemeinsam laut gelesen, unbekannte Begriffe werden erklärt. Danach unterstreicht jedes Kind den Vers / die Verse, die es als besonders wichtig empfindet. Nun liest die Moderation den Text ein zweites Mal laut vor. Das sollte langsam und rhythmisch geschehen. Kommt sie an eine Passage, die ein Kind unterstrichen hat, liest dieses laut mit. Auf diese Weise verändert sich der Klang des Bibeltextes, Verse klingen leiser oder lauter, je nachdem, wie viele Kinder mitlesen.

Bibeltext: Für den ersten Durchgang wählt jedes Kind drei Sprechtexte (Texte in Anführungszeichen) aus, markiert sie und spricht sie laut mit, wenn sie vorgelesen werden. Einzelne Stimmen erscheinen dadurch lauter oder leiser, je nachdem, wie viele Kinder sie mitsprechen. Für einen zweiten Durchgang werden zusätzlich je drei Verse unterstrichen, die das Kind als besonders wichtig für die Geschichte empfindet. Dann wird der Text erneut als Sprech-Motette gelesen.

Variante: Zu einem Text oder einem Thema wird gemeinsam ein Sprechtext verfasst, die Sätze werden auf die Kinder verteilt. Beim Lesen zwischen Einzelstimmigkeit und Mehrstimmigkeit wechseln, auf Sprechrhythmus und Betonung achten, mit verschiedenen Lautstärken experimentieren.

Kompetenzen: Die Kinder können Bibeltexte rhythmisch lesen. Sie können auf andere achten und wahrnehmen, wie der Bibeltext sich anhört.

•• Textpuzzle / Hausrats-Helfer / Band AT2: Lese-Chor

Gefühls-Stern

Eigene Gefühle oder diejenigen (biblischer) Personen besprechen und reflektieren.

Material: Bastelvorlage (s. Downloads) und entsprechendes Material; Glasstein

Beschreibung: Der Stern zeigt acht Gefühlsäußerungen: **Gelb:** zufrieden, vergnügt, begeistert, **Orange:** erstaunt, neugierig, achtsam, **Rosa:** zugeneigt, vertrauensvoll, verliebt, **Lila:** traurig, unglücklich, verzweifelt, **Blau:** erschrocken, ängstlich, panisch, **Hellgrün:** gelangweilt, ablehnend, angewidert, **Rot:** gereizt, verärgert, wütend, **Dunkelgrün:** fragend, unentschieden, unsicher.
Den Stern in die Mitte legen. Die Gefühle auf dem Stern benennen. Die Kinder sprechen über die Gefühle der Personen in einer bereits gehörten oder gelesenen Geschichte. Dazu kann ein Glasstein auf dem Stern bewegt werden. Bei starken Gefühlen kann überlegt werden, wie die Person mit dem Gefühl umgehen kann: Was muss passieren, dass XY nicht mehr so traurig ist? Wer könnte helfen? Was macht ihr bei solchen Gefühlen?

Bibeltext: Hier Petrus in den Fokus rücken. Bei jedem Vers schauen, wie sich seine Gefühle wohl verändern und das mithilfe des Sterns sichtbar machen.

Kompetenzen: Die Kinder können Gefühle von Personen wahrnehmen, anzeigen und ihre Intensität einschätzen. Sie können starke Gefühle erkennen, begründen und überlegen, wie eine Person damit umgehen kann.

•• Geschichten-SMS / Triangel / Band AT1: Gefühlskarten

Bruchstück-Bilder

Aus Scherben und Teilstücken etwas Neues gestalten.

Material: Mosaik-Scherben aus dem Bastelbedarf, Glas-, Porzellan- und Tonscherben, Bruchfliesen, zerbrochene Gegenstände; Hammer, Zange, Holzbrett, Schleifpapier; Klebstoff (je nach Material Konstruktionsklebstoff, Sekundenkleber oder Heißleim), dunkle Acryl-Farben, Pinsel, 1 Untergrund je Kind (Graupappe, Spanplatte, Pappteller, Käseschachtel); Fotos zu dieser und zwei weiteren Techniken (s. Downloads)

Beschreibung: Verschiedene Scherben werden in Behältern ausgelegt. Scherben aus dem Handel haben keine scharfen Kanten und sind daher auch für jüngere Kinder geeignet. Ältere Kinder können nach einer Einführung auch Bruchstücke aus Glas, Ton, Porzellan oder Keramik verwenden. Für deren Zerkleinern braucht es Holzbretter, Zangen, Hammer und Schleifpapier für scharfe Kanten.
Die Kinder gestalten entweder frei oder zu einem bestimmten Thema. Der Untergrund, auf dem das Bild gestaltet wird, sollte stabil sein. Er kann zusätzlich mit Acrylfarben (Kontrastfarben zu den Scherben) bemalt werden.

Bibeltext: Hier könnte ein Bild aus der Geschichte umgesetzt werden, z. B. in den Farben des Feuers, ein Bild zu Petrus oder das Motiv des Hahns.

Kompetenzen: Die Kinder können mit Mosaikstücken Formen und Muster entwerfen. Sie können Flächen gestalten und unterschiedliche Materialien verbinden.

•• Gruppen-Mobile / Portraits / Band AT1: Motiv-Verstärkung

LUKAS 23,1-25

Jesus vor Pilatus und Herodes Antipas

1 Alle standen auf und brachten Jesus zu Pilatus. 2 Dort erhoben sie Anklage gegen ihn; sie sagten: „Wir haben festgestellt, dass dieser Mann unser Volk aufhetzt! Er sagt, wir sollen keine Steuern mehr an den Kaiser zahlen, und er sei Christus, der König, den Gott uns als Retter zu schicken versprach." 3 Pilatus fragte ihn: „Bist du der König der Juden?" „Du sagst es", gab Jesus zur Antwort. 4 Pilatus erklärte darauf den führenden Priestern und der versammelten Volksmenge: „Ich sehe keinen Grund, diesen Menschen zu verurteilen." 5 Aber sie drängten weiter: „Mit seiner Lehre wiegelt er das Volk auf im ganzen jüdischen Land. Angefangen hat er in Galiläa und jetzt ist er bis hierher gekommen." 6 Als Pilatus das Wort „Galiläa" hörte, fragte er, ob der Mann aus Galiläa sei. 7 Es wurde ihm bestätigt, dass Jesus aus dem Herrschaftsbereich von Herodes stamme. Da ließ Pilatus ihn zu Herodes bringen, der zu dieser Zeit ebenfalls in Jerusalem war. 8 Herodes freute sich sehr, als er Jesus sah; denn er wollte ihn schon lange einmal kennenlernen. Er hatte viel von ihm gehört und hoffte nun, selbst eines seiner Wunder mitzuerleben. 9 Er stellte ihm viele Fragen, aber Jesus gab keine Antwort. 10 Die führenden Priester und die Gesetzeslehrer stellten sich hin und brachten schwere Beschuldigungen gegen Jesus vor. 11 Aber Herodes und seine Soldaten hatten nur Spott für ihn übrig. Zum Hohn ließ Herodes ihm ein Prachtgewand anziehen und schickte ihn in diesem Aufzug zu Pilatus zurück. 12 Herodes und Pilatus hatten sich früher gehasst, aber an diesem Tag wurden sie Freunde. 13 Pilatus ließ die führenden Priester, die anderen Mitglieder des jüdischen Rates und das Volk zusammenrufen 14 und erklärte vor ihnen allen: „Ihr habt mir diesen Menschen gebracht und behauptet, er wiegle das Volk auf. Nun, ich habe ihn in eurem Beisein verhört und von den Anklagen, die ihr gegen ihn vorgebracht habt, keine einzige bestätigt gefunden. 15 Aber auch Herodes hat nichts herausgefunden; er hat ihn ja zu uns zurückgeschickt. Ich stelle also fest: Dieser Mensch hat nichts getan, worauf die Todesstrafe steht. 16 Deshalb lasse ich ihn jetzt auspeitschen und gebe ihn frei." 18 Aber sie alle miteinander schrien laut: „Weg mit ihm! Gib uns Barabbas frei!" 19 Barabbas hatte sich an einem Aufruhr in der Stadt beteiligt und einen Mord begangen; deshalb saß er im Gefängnis. 20 Pilatus wollte dagegen Jesus freilassen und redete auf die Leute ein. 21 Doch alle schrien: „Ans Kreuz mit ihm, ans Kreuz!" 22 Pilatus versuchte es ein drittes Mal und sagte zu ihnen: „Was hat er denn verbrochen? Ich habe bei ihm kein Vergehen entdeckt, auf das die Todesstrafe steht. Deshalb lasse ich ihn jetzt auspeitschen und gebe ihn frei." 23 Sie aber setzten ihm weiter zu und forderten mit lautem Geschrei, dass Jesus gekreuzigt werden müsse. Und ihr Geschrei zeigte Wirkung. 24 Pilatus entschied, dass sie ihren Willen haben sollten. 25 Den, der wegen Aufruhr und Mord im Gefängnis saß und um den sie gebeten hatten, ließ er frei, Jesus aber gab er ihrem Willen preis.

Einführung

Der jüdische Rat bringt Jesus vor Pilatus. Ihre Klage, Jesus rufe das Volk auf, dem Kaiser die Steuern zu verweigern, entspricht nicht der Wahrheit (Lk 20,25). Die Vorwürfe sind so formuliert, als wolle Jesus einen Aufstand anzetteln. Doch Pilatus durchschaut, dass diese Aussage religiös und nicht politisch motiviert ist. Anders als in den anderen Evangelien hat bei Lukas Herodes Antipas direkt Anteil am Prozess gegen Jesus und an dessen Verspottung, wie er auch im ganzen Evangelium viel präsenter ist. So wird Herodes als Repräsentant der politischen Opposition gegen die Verkündigung des Evangeliums dargestellt.

Pilatus: römischer Statthalter in der Provinz Judäa. Gilt als grausam und brutal.

Christus: bedeutet „der Gesalbte" und ist die griechische Übersetzung des hebräischen Begriffs „Messias". Wurde im griechischen Alten Testament für von Gott eingesetzte Könige gebraucht, später auch für den von Gott versprochenen Retter.

Jüdischer Rat: wichtigstes Gremium in religiösen Fragen, besteht aus 70 Männern und dem Obersten Priester.

Gerichtsverhandlung

Ein (biblischer) Fall wird mit Anklage, Verteidigung und Zeugen vorgetragen.

Material: Dialoge des Textes auf Karteikarten, Hammer, 1 Tisch, 1 Stuhl; hier: Kulissen für Paläste von Pilatus und Herodes

Beschreibung: Die Kinder erleben einen dafür passenden Bibeltext als Gerichtsverhandlung. Die Dialoge dazu werden im Vorfeld auf Karteikarten geschrieben und an einzelne Kinder ausgeteilt.
Die Leitung tritt auf und eröffnet die Gerichtsverhandlung. Sie lässt Klägerinnen und Kläger zu Wort kommen. In der Vernehmung verteidigt sich die/der Angeklagte. Danach werden Zeuginnen und Zeugen befragt. Die Kinder nehmen ihre Rollen ein und tragen ihren Text vor. Danach zieht sich die Leitung mit zwei Kindern als Beraterinnen/Beratern für einen Moment zurück, um den Urteilsspruch anhand des Textes zu fällen. Das Urteil wird allen Anwesenden verkündigt. Im Anschluss erfolgt eine Reflexion darüber, anhand welcher Merkmale geurteilt wurde und wie die Kinder das Urteil bewerten.

Bibeltext: Den Text im Vorfeld auf Dialoge reduzieren, besonders das Verhör vor Herodes (V. 8-11). Zwei einfache Kulissen erstellen. Spontane Äußerungen zu der Frage ermöglichen, warum Jesus trotz fehlender Beweise doch verurteilt wurde.

Kompetenzen: Die Kinder kennen in Grundzügen den Ablauf einer Gerichtsverhandlung und die Rollen der Anwesenden. Sie können bei einem biblischen Gerichtsfall mitwirken und diesen bewerten.

•• Verbotene Begriffe / Vier Augen / Band NT1: Fensterblick

Pro-Kontra-Debatte

Streitgespräch, bei dem ein Konfliktthema oder eine Entscheidungsfrage von mehreren Seiten betrachtet und diskutiert wird.

Material: Papier, Stifte

Beschreibung: Die Kinder werden in zwei Gruppen aufgeteilt. Jede Gruppe sammelt zu einer strittigen Frage oder einem Konfliktfall Argumente für eine der beiden Seiten und schreibt sie auf. Dabei kann es sein, dass die Argumente nicht der eigenen Position entsprechen. Das ist so gewollt. Auf diese Weise können unterschiedliche Positionen eingenommen werden und ein Thema aus einer anderen Perspektive bedacht werden. Beide Gruppen wählen zum Schluss ihrer Recherche zwei bis drei Vertreterinnen/Vertreter. Nun treffen sich alle in der Gesamtgruppe. Die beiden Gruppen sitzen einander gegenüber, wobei die Vertreterinnen/Vertreter den vorderen Platz einnehmen. Die Moderation leitet die Diskussion, lässt die Vertreterinnen/Vertreter abwechselnd zu Wort kommen, achtet darauf, dass die Redezeit beider Gruppen ausgewogen ist, und führt durch Fragen weiter. Kinder aus der Gruppe können aus der zweiten Reihe ihre Vertreterinnen/Vertreter unterstützen. Das wird durch Handzeichen signalisiert. Nach der Diskussion erfolgt ein Meinungsbild, bei dem alle Kinder die ihnen zugeteilte Position verlassen und sich auf die Seite begeben, der sie zustimmen. Zum Schluss kann noch auf die Diskussion selbst eingegangen werden: Hatten beide Gruppen gleich starke Argumente? Haben viele für eine Seite abgestimmt? Wieso?

Bibeltext: Diskussionsfrage: Ist Jesus der König der Juden? Eine Gruppe nimmt die Kontra-Position der des Jüdischen Rates und der Menschenmenge ein, die andere besteht aus (heimlichen) Jüngerinnen und Jüngern Jesu und verteidigt das, was er tut und lehrt. Das abschließende Meinungsbild kann hier weggelassen werden.

Kompetenzen: Die Kinder können einen Konflikt oder ein Problem erkennen und Argumente für eine Position suchen und benennen. Sie können ihre Position verteidigen und sich ein Urteil bilden.

•• Stuhlwahl / Bibel-Live-Sendung / Band AT2: Gegenüberstellung

Audio-Collage

Gelesene Texte, Bibelverse, Meinungen oder Gedanken aufnehmen und anhören.

Material: Texte, Aufnahme- und Abspielgerät (z. B. Smartphone)

Beschreibung: Für die Audio-Collage eignen sich gelesene Kurztexte, Bibelverse oder Sprüche, aber auch selbstverfasste Texte wie Deutungen, Meinungen, Fragen zu einer Geschichte oder einem Thema.
Die Kinder in Gruppen aufteilen. Sie erhalten einen konkreten Auftrag und bereiten jeweils einen Text für die Aufnahme vor. Das geschieht zunächst in Einzelarbeit. Jedes Kind liest seinen Text mehrfach leise durch. Dann stellen die Kinder ihre Texte in der Gruppe laut vor. Die Kinder geben einander Rückmeldung, z. B. wenn zu schnell gelesen wurde oder etwas unverständlich ist. Danach treffen sich alle in der großen Gruppe und stellen ihre Texte kurz vor. Die Moderation legt die Reihenfolge der Aufnahme fest. Die Kinder setzen sich in dieser Abfolge in einen Kreis. In der Mitte liegt ein Aufnahmegerät. Nacheinander werden die Texte nun vorgelesen und aufgenommen. In Abgrenzung zum „Hörspiel" wird der gelesene Text nicht inszeniert. Nach jeder Aufnahme anhalten, bis das nächste Kind bereit ist. Wurden alle Texte aufgenommen, wird die Audio-Collage vorgespielt. Spontane Reaktionen zulassen.

Bibeltext: Eine Mischung aus Anklagen aus dem Bibeltext, Bibelversen zur Handlung und Meinungen der Kinder zu diesem Geschehen.

Kompetenzen: Die Kinder können einen Sprechtext verfassen, einüben und bei ihrem Einsatz flüssig vorlesen. Sie können einer Audio-Aufnahme zuhören und sich spontan dazu äußern.

•• Bildkarten-Impulse / Rangfolge / Band AT2: Kommentarspalte

LUKAS 23,33-49

Jesus stirbt am Kreuz

33 Als sie zu der Stelle kamen, die „Schädel“ genannt wird, nagelten die Soldaten Jesus ans Kreuz und mit ihm die beiden Verbrecher, den einen links von Jesus, den anderen rechts. 34 Jesus sagte: „Vater, vergib ihnen! Sie wissen nicht, was sie tun.“ Dann losten die Soldaten untereinander seine Kleider aus. 35 Das Volk stand dabei und sah bei der Hinrichtung zu. Die Ratsmitglieder verhöhnten Jesus: „Anderen hat er geholfen; jetzt soll er sich selbst helfen, wenn er wirklich der ist, den Gott uns zum Retter bestimmt hat!“ 36 Auch die Soldaten machten sich lustig über ihn. Sie gingen zu ihm hin, reichten ihm Essig 37 und sagten: „Hilf dir selbst, wenn du wirklich der König der Juden bist!“ 38 Über seinem Kopf hatten sie eine Aufschrift angebracht: „Dies ist der König der Juden.“ 39 Einer der Verbrecher, die mit ihm gekreuzigt worden waren, beschimpfte ihn: „Bist du denn nicht der versprochene Retter? Dann hilf dir selbst und uns!“ 40 Aber der andere wies ihn zurecht und sagte: „Nimmst du Gott immer noch nicht ernst? Du bist doch genauso zum Tod verurteilt wie er, 41 aber du bist es mit Recht. Wir beide leiden hier die Strafe, die wir verdient haben. Aber der da hat nichts Unrechtes getan!“ 42 Und zu Jesus sagte er: „Denk an mich, Jesus, wenn du deine Herrschaft antrittst!“ 43 Jesus antwortete ihm: „Ich versichere dir, du wirst noch heute mit mir im Paradies sein.“ 44-45 Es war schon etwa zwölf Uhr mittags, da verfinsterte sich die Sonne und es wurde dunkel im ganzen Land bis um drei Uhr. Dann riss der Vorhang vor dem Allerheiligsten im Tempel mitten durch, 46 und Jesus rief laut: „Vater, ich gebe mein Leben in deine Hände!“ Mit diesen Worten starb er. 47 Als der römische Hauptmann, der die Aufsicht hatte, dies alles geschehen sah, pries er Gott und sagte: „Wahrhaftig, dieser Mensch war unschuldig, er war ein Gerechter!“ 48 Auch all die Leute, die nur aus Schaulust zusammengelaufen waren, schlugen sich an die Brust und kehrten betroffen in die Stadt zurück, nachdem sie gesehen hatten, was da geschah. 49 Alle Freunde von Jesus aber standen weit entfernt, auch die Frauen, die seit der Zeit seines Wirkens in Galiläa mit Jesus gezogen waren. Die Frauen sahen dies alles mit an.

Einführung

Der Evangelist Lukas zeigt Jesus hier als den, der selbst im Sterben noch an die Menschen denkt und für sie vor Gott einsteht: Er bittet Gott, den Soldaten zu vergeben. Er spricht einem der verurteilten Männer neben ihm Vergebung zu. Die Ratsmitglieder verhöhnen ihn, ebenso die Soldaten. Lukas schildert zwei Phänomene, die während der Hinrichtung geschehen. Eine Finsternis von Mittag bis um drei Uhr und das Zerreißen des Vorhangs im Tempel. Die Finsternis erinnert an Jesu Worte bei der Verhaftung: Es ist die Stunde seiner Gegner und der dunklen Mächte (Lk 22,53). Das Zerreißen des Vorhangs eröffnet ganz greifbar den Zugang zu Gottes Gegenwart: Das Allerheiligste im Tempel, das nur der Oberste Priester betreten durfte, ist nun offen.

Kreuz: Ein Mensch wird am Kreuz hingerichtet, indem er an einen aufrechten Pfahl mit Querbalken gefesselt oder genagelt wird.

Essig: Vermutlich ist hier ein Getränk aus saurem Wein und Wasser gemeint, das eine beliebte Erfrischung war. Ebenfalls möglich ist eine Deutung als Mittel zur Betäubung und gegen Wundbrand, das vielleicht sogar üblicherweise an Richtstätten bereitstand (Joh 19,29). In jedem Fall ist die Gabe des Essigs für sich genommen nicht unbedingt als weitere Folterung zu verstehen – die eigentliche Linderung wird erst durch den Spott der Umstehenden ins Gegenteil verkehrt.

Symbol-Meditation

Meditativer Zugang zu einem Symbol in einer (biblischen) Erzählung.

Material: Bodentuch, Bibel, Symbol und Gestaltungsmaterial (hier: dunkelbraunes Tuch, Kreuz aus Holzelementen, Dornenkranz, Nägel, schwarzes Chiffon-Tuch, evtl. Blüten), evtl. Klangschale oder Instrumentalmusik und Abspielgerät

Beschreibung: Die Kinder sitzen im Kreis. Die Erzählerin / der Erzähler legt ein Bodentuch aus. Das Symbol und weitere Gestaltungsmaterialien liegen bereit. Die Kinder in die Stille führen, z. B. durch ein Ritual (Lied, Klangschale, Instrumentalmusik). Die Mitte nach und nach mit Tüchern und ausgewählten Materialien gestalten und das Symbol einführen. Das Symbol für sich sprechen lassen und nur durch wenige Worte unterstützen. Das ist besonders dann wichtig, wenn eine biblische Geschichte miterzählt werden soll. Hier sind Inhalte sorgsam auszuwählen. Die Erzählerin / der Erzähler achtet auf eine einfache, klare und ruhige Sprache und ausreichend lange Pausen. Alle Bewegungen weisen in die Mitte und lenken damit die Blicke der Kinder hin zum Symbol. Nach einer Zeit der Stille die Kinder einladen, sich zu strecken, einander anzuschauen und sich zur Symbolik oder zu dem, was sie gefühlt und erlebt haben, zu äußern. In einem späteren Schritt können die Eindrücke (kreativ) weiterverarbeitet werden.

Bibeltext: Im Vorfeld eine Symbol-Meditation zu Jesus am Kreuz vorbereiten. Für die Durchführung ein dunkelbraunes Tuch auslegen. Aus Holzteilen ein Kreuz zusammensetzen und das Kreuz einführen. Weitere Materialien bereithalten, die zum Text der Meditation ausgelegt werden (z. B. Dornenkranz, Nägel, schwarzes Chiffon-Tuch, um die Dunkelheit zu unterstreichen). Figuren braucht es keine. Personen der Geschichte können mit Handbewegungen angedeutet werden, ebenso die beiden Kreuze neben Jesus. Evtl. mit einem Ausblick der Hoffnung schließen. Dazu könnten einige Blüten gestreut werden.

Hinweis: Im Vorfeld überlegen, wie Störungen verhindert werden können. Auf Freiwilligkeit achten und achtsam auf Kinder reagieren, die beispielsweise nicht in die Stille finden.

Kompetenzen: Die Kinder können durch den meditativen Einsatz eines Symbols einen Inhalt erleben und auf sich wirken lassen. Sie können ihre Gedanken und Gefühle wahrnehmen und das Symbol gemeinsam mit anderen deuten.

•• Bibel-Symbol-Kiste / Erzählteppich / Band NT1: Symbol-Erkundung

Wörter-Batch

Beim Hören oder Lesen eines Bibeltextes ein Wort aufschreiben, das anspricht oder bewegt und anderen die Wahl auf Nachfrage erklären.

Material: Klebe-Etiketten, Stifte, hier: evtl. 1 Bibel pro Kind (alle sollten in derselben Übersetzung sein)

Beschreibung: Die Kinder haben im Vorfeld eine Geschichte gehört oder gelesen. Nun schreibt jedes Kind ein Wort, das es besonders angesprochen hat, auf ein Klebe-Etikett und klebt es gut sichtbar auf seinen Pullover. Die Kinder gehen im Raum umher. Sie fragen einander, warum das Gegenüber das Wort gewählt hat. Danach werden die Eindrücke gesammelt: Gab es Wörter, die mehrfach aufgeschrieben wurden? Was beinhaltet der Begriff? Was könnten die Gründe dafür sein, dass das Wort so oft vorkam?

Bibeltext: Wurde für die Begegnung eine Methode nah am Bibeltext gewählt (Erzählung, Bibellesen), wählen die Kinder ein Wort aus dem Gedächtnis. Wurde die Geschichte eher frei eingeführt, Bibeln auslegen und die Kinder den Text vor dem Aufschreiben des Wortes lesen lassen.

Kompetenzen: Die Kinder können einen Begriff für sich auswählen und aufschreiben. Sie können ihre Wahl begründen und mit anderen über die gewählten Wörter reflektieren.

•• Geschichten-SMS / Gefühls-Stern / Band AT1: Gewichtige Worte

Assemblage

Plastische Objekte gestalten, anordnen und auf einer Grundplatte befestigen.

Material: Acrylfarben, Pinsel, Wasserbehälter, Klebstoffe und Befestigungsmaterial, verschiedenes Verpackungsmaterial, Papier, Pappe, Wellpappe, Naturmaterialien, Körbe/ Behälter für das Material, Platten aus Sperrholz oder Graupappe, hier: Aluminiumfolie, Zimmermannsnägel

Beschreibung: Im Vorfeld das Material in Körben und Behältern bereitstellen, ebenso Farben, Pinsel und geeignete Klebstoffe und Befestigungsmaterialien wie Schnüre und Draht. Als Untergrund eignen sich Platten aus Sperrholz oder Graupappe.
Die Kinder setzen sich an Tische. Nach der Einführung in das Material erhält jedes Kind eine Platte und gestaltet frei zur Geschichte. Die Leitung begleitet die Gestaltungsprozesse, hilft beim Einsatz des Materials, hält sich aber mit konkreten Vorgaben zurück. Im Anschluss können die Kunstwerke nach Absprache mit den Kindern ausgestellt werden.

Bibeltext: Hier eignen sich neben den Grundmaterialien vor allem Verpackungsmaterialien (Kartonschredder, Papierwolle, Füllmaterial), Stöcke, Rinde, Draht, Zimmermannsnägel, Aluminiumfolie.

Kompetenzen: Die Kinder können eigene Ideen entfalten, Material kombinieren und Mal- und Klebetechniken anwenden. Sie können räumliches Vorstellungsvermögen entwickeln und ihre Gedanken und Gefühle bildhaft ausdrücken und verarbeiten.

•• Zeithocker / Lege-Mosaik / Band NT1: In der Stille hören

LUKAS 24,1-10A

Die Frauen am leeren Grab

1 Am Sonntagmorgen dann, in aller Frühe, nahmen die Frauen die wohlriechenden Öle, die sie sich beschafft hatten, und gingen zum Grab. 2 Da sahen sie, dass der Stein vom Grabeingang weggerollt war. 3 Sie gingen hinein, doch der Leichnam von Jesus, dem Herrn, war nicht mehr da. 4 Während sie noch ratlos dastanden, traten plötzlich zwei Männer in strahlend hellem Gewand zu ihnen. 5 Die Frauen fürchteten sich und wagten sie nicht anzusehen; sie blickten zu Boden. Die beiden sagten zu ihnen: „Was sucht ihr den Lebenden bei den Toten? 6 Er ist nicht hier; Gott hat ihn vom Tod auferweckt! Erinnert euch an das, was er euch schon in Galiläa gesagt hat: 7 ‚Der Menschensohn muss den Menschen, den Sündern, ausgeliefert und ans Kreuz genagelt werden und am dritten Tag vom Tod auferstehen.‘“ 8 Da erinnerten sich die Frauen an seine Worte. 9 Sie verließen das Grab und gingen zu den Elf und allen Übrigen, die bei ihnen waren, und berichteten ihnen alles. 10a Es waren Maria aus Magdala und Johanna und Maria, die Mutter von Jakobus, sowie die anderen Frauen, die mit ihnen am Grab gewesen waren.

Einführung

Die Frauen möchten Jesus eine letzte Ehre erweisen und kaufen duftende Öle, um damit den Toten zu salben. Vermutlich konnte das nach Jesu Tod nicht mehr geschehen, weil der Sabbat nahte. Die Toten wurden in Israel außerhalb der Ortschaft in Einzel- oder Familiengräbern bestattet, häufig in Grabkammern, die in den Felsen gehauen waren. In der Kammer befanden sich gewöhnlich mehrere in den Stein gehauene Nischen oder Bänke, auf denen die in Tücher gewickelten Leichname gelegt wurden. Die Graböffnung war durch einen schweren Stein verschlossen, der auf einer Rille vor dem Eingang bewegt werden konnte. Im Lukasevangelium endet der Bericht damit, dass Maria aus Magdala, Johanna und Maria, die Mutter des Jakobus, sowie weitere Frauen zu den Jüngern gehen und ihnen von ihrem Erlebnis erzählen. Die Apostel halten das zunächst für leeres Gerede, außer Petrus, der zum Grab läuft und alles genau so vorfindet. Der Evangelist Matthäus berichtet davon, dass Jesus den Frauen auf dem Weg zu den Jüngern begegnet und sie anspricht.

Zwei Männer: Gemeint sind wohl Engel, die als Boten Gottes Nachrichten überbringen.

Maria aus Magdala: Jüngerin Jesu und Zeugin von Kreuzigung, Grablegung und Auferstehung. Im Johannesevangelium (Joh 20,11-18) begegnet sie als Erste dem auferstandenen Jesus.

Johanna: Frau des Beamten Chuzas und damit Mitglied des Hofes von Herodes Antipas. Wurde von Jesus geheilt und gehört ebenfalls zu seinen Jüngerinnen (Lk 8,2-3).

Maria: die Mutter von Jakobus. Bei der Kreuzigung und am leeren Grab erwähnt.

Vier Augen

Mit fremden Augen ein Bild beschrieben bekommen und selbst ein Bild beschreiben.

Material: Bildmaterial, evtl. Videoprojektor und Powerpoint-Präsentation

Beschreibung: Es gibt zwei Möglichkeiten: **1.** Die Kinder gehen paarweise zusammen und sitzen einander gegenüber. Sie erhalten zwei oder mehr Bilder zu einer Geschichte oder einem Thema, die sie verdeckt vor sich auslegen. Das erste Kind beginnt. Es nimmt das erste obere Bild und beschreibt so genau wie möglich, was es auf dem Bild sieht. Nach einem Signal wird gewechselt. Das zweite Kind beschreibt dasselbe Bild dem ersten Kind. Es bemüht sich dabei, Dinge zu erwähnen, die das erste Kind nicht genannt hat. Nun wird das Bild zur Seite gelegt. Beim zweiten Bild beginnt das zweite Kind. Auch hier wird nach einem Signal nochmals gewechselt. **2.** Für eine Variante in der Gesamtgruppe gehen die Kinder ebenfalls paarweise zusammen. Es bietet sich der Einsatz von Videoprojektor und Powerpoint-Präsentation an, damit alle Kinder die Bilder gut erkennen können. Je ein Kind dreht sich mit dem Rücken zur Präsentation. Die Moderation zeigt das erste Bild. Das Kind mit Blick zum Bild beschreibt dem anderen, was es sieht. Dann werden die Sitzpositionen getauscht. Die Moderation zeigt das nächste Bild, das vom zweiten Kind beschrieben wird. – Danach folgt ein kurzer Austausch. Die Kinder äußern ihre Vermutungen zum Inhalt der Geschichte oder dazu, um welches Thema es gehen könnte.

Bibeltext: Hier eignen sich Bilder aus dem großformatigen Bilderbuch Brandt, Susanne: Jesus ist auferstanden, Don Bosco Medien, München 2020.

Variante: Ältere Kinder können mit dieser Methode auch Textabschnitte lesen und den gelesenen Inhalt einer zweiten Person mündlich zusammenfassen.

Kompetenzen: Die Kinder können Bilder wahrnehmen und beschreiben. Sie können ihre Sprachkompetenz erweitern.

•• Symbol-Meditation / Lese-Emotionen / Band AT1: Bildermuseum

Wortkarten-Story

Mit ausgewählten Begriffen eine Geschichte selbst erzählen.

Material: Bibel oder Kinderbibel, Wortkarten, Stifte, Präsentationsmedium und Zubehör (Pinnwand / Whiteboard / Erzählleine)

Beschreibung: Die Kinder schreiben Wortkarten zu einer Geschichte. Sie orientieren sich dabei an der Handlung der Textvorlage – ältere Kinder nehmen als Grundlage eine Bibel, jüngere Kinder eine Kinderbibel. Die Wortkarten können den Kindern helfen, die Geschichte selbst zu erzählen. Das erzählende Kind bringt die Wortkarten in die richtige Reihenfolge und nimmt sie entweder in die Hand oder befestigt sie an einer Pinnwand, einem Whiteboard oder einer Erzählleine. Dann erzählt es einem anderen Kind oder der ganzen Gruppe die Geschichte und verwendet dabei die Wortkarten als Gedächtnisstütze. Anschließend kann gemeinsam überlegt werden, ob alle wichtigen Punkte vorkamen.

Bibeltext: Bei der Arbeit am Bibeltext ist es hilfreich, die Personen vorher durchzugehen: Wer sind die Männer? Wer die Frauen? Wer die Elf?

Varianten: Die „Bildkarten-Story" ist eine ähnliche Methode, hier kommen anstelle der Wörter Abbildungen von Personen, Gegenständen, Orten/Ortsschildern oder Symbolen zum Einsatz.

Kompetenzen: Die Kinder kennen Wortkarten als Hilfe zum Erzählen. Sie können mit den Karten eine gelesene oder gehörte Geschichte nacherzählen. Sie können sich in unterschiedlichen Rollen erleben, als Zuhörende und Erzählende.

•• Bildvergleich / Leporello / Band AT2: Wortsteine

Fensterbild

Mit Farbe oder Papier auf einem Fenster gestalten.

Material: Farben nach Wahl, z. B. Kreidemarker oder Fingerfarben, feuchte Tücher, evtl. Pinsel, Behälter für Mischfarben; Stühle, evtl. Leiter, Glasreiniger

Beschreibung: Mit den Kindern Motive für ein Fensterbild entwickeln und das Fenster oder mehrere Fenster aufteilen. Die gewählte Technik erklären, Größe der Motive besprechen und Aufgaben verteilen. Zwei mögliche Techniken: **1.** Kreidemarker: Die Kinder erhalten farbige (oder nur weiße) Kreidemarker. Die Stifte vor der Anwendung gut schütteln und auf einem Papier pumpen, bis die Farbe kommt. Mit den Stiften direkt auf das Fenster malen. Immer von oben nach unten malen, damit die Farbe nicht mit der Hand verwischt wird. **2.** Fingerfarben: Falls nötig, zusätzliche Farben im Vorfeld mischen. Immer mehrere Pinsel einer Farbe zuordnen. Die Kinder malen ihre Motive mit dem Pinsel. Bei einem Farbwechsel wechseln sie auch den Pinsel. – Bei beiden Techniken lassen sich Fehler mit einem feuchten Tuch korrigieren. Werden höhere Fenster bemalt, sollten Stühle oder eine Leiter bereitstehen, damit die Kinder ihre Malfläche gut erreichen können. Je nachdem, wie die Regeln für den Gruppenraum sind, müssen die Fensterbilder nach der Gruppenstunde mit Glasreiniger wieder entfernt werden.

Bibeltext: Das Bild möglichst breit anlegen. Als Szene eignet sich das offene Grab in der Mitte, auf einer Seite die Frauen auf dem Weg zum Grab, auf der anderen Seite kann bereits ein Engel neben dem Grab sitzen. Dazu viele Blumen.

Varianten: Fensterbilder können auch mit Window Color, aus Ton- und Transparentpapier oder auf „normalem" Malpapier, das vor dem Aufhängen mit Öl bestrichen wird, gestaltet werden.

Kompetenzen: Die Kinder können gemeinsam unter Anleitung ein Fensterbild planen und Absprachen treffen. Sie können eigene Ideen zu einer Geschichte oder einem Thema entwickeln und diese mit Farben großflächig umsetzen.

•• Aktionskarten / Blinzelrunde / Band NT1: Freies Gestalten

LUKAS 24,13-35

Jesus begleitet zwei Jünger auf dem Weg nach Emmaus

13 Am selben Tag gingen zwei, die zu den Jüngern von Jesus
gehört hatten, nach dem Dorf Emmaus, das zwölf Kilometer
von Jerusalem entfernt lag. 14 Unterwegs unterhielten sie
sich über alles, was geschehen war. 15 Als sie so miteinander
sprachen und alles hin und her überlegten, kam Jesus selbst
hinzu und ging mit ihnen. 16 Aber sie erkannten ihn nicht; sie
waren wie mit Blindheit geschlagen. 17 Jesus fragte sie: „Worüber redet ihr denn so erregt unterwegs?“ Da blieben sie
stehen und blickten ganz traurig drein, 18 und der eine –
er hieß Kleopas – sagte: „Du bist wohl der Einzige in Jerusalem, der nicht weiß, was dort in diesen Tagen geschehen
ist?“ 19 „Was denn?“, fragte Jesus. „Das mit Jesus von Nazaret“, sagten sie. „Er war ein Prophet; in Worten und Taten hat
er vor Gott und dem ganzen Volk seine Macht
erwiesen. 20 Unsere führenden Priester und die anderen Ratsmitglieder haben ihn zum Tod verurteilt und ihn ans Kreuz
nageln lassen. 21 Und wir hatten doch gehofft, er sei der erwartete Retter, der Israel befreien soll! Aber zu alledem ist
heute auch schon der dritte Tag, seitdem dies geschehen
ist! 22 Und dann haben uns auch noch einige Frauen, die
zu uns gehören, in Schrecken versetzt. Sie waren heute
früh zu seinem Grab gegangen 23 und fanden seinen Leichnam nicht mehr dort. Sie kamen zurück und erzählten, sie
hätten Engel gesehen, die hätten ihnen gesagt, dass er
lebt. 24 Einige von uns sind gleich zum Grab gelaufen und
haben alles so gefunden, wie es die Frauen erzählten. Nur
ihn selbst sahen sie nicht.“ 25 Da sagte Jesus zu ihnen:
„Was seid ihr doch schwer von Begriff! Warum rafft ihr
euch nicht endlich auf zu glauben, was die Propheten gesagt
haben? 26 Musste der versprochene Retter nicht dies alles er-
leiden und auf diesem Weg zu seiner Herrschaft
gelangen?“ 27 Und Jesus erklärte ihnen die Worte, die sich
auf ihn bezogen, von den Büchern Moses und der Propheten
angefangen durch die ganzen Heiligen Schriften. 28 Inzwischen
waren sie in die Nähe von Emmaus gekommen. Jesus tat so,
als wollte er weitergehen. 29 Aber sie ließen es nicht zu und
sagten: „Bleib doch bei uns! Es geht schon auf den Abend zu,
gleich wird es dunkel!“ Da folgte er ihrer Einladung und
blieb bei ihnen. 30 Als er dann mit ihnen zu Tisch saß,
nahm er das Brot, sprach das Segensgebet darüber, brach
es in Stücke und gab es ihnen. 31 Da gingen ihnen die Augen
auf und sie erkannten ihn. Aber im selben Augenblick ver-
schwand er vor ihnen. 32 Sie sagten zueinander: „Brannte
es nicht wie ein Feuer in unserem Herzen, als er unterwegs
mit uns sprach und uns den Sinn der Heiligen Schriften
aufschloss?“ 33 Und sie machten sich sofort auf den Rückweg
nach Jerusalem. Als sie dort ankamen, waren die Elf mit allen
Übrigen versammelt 34 und riefen ihnen zu: „Der Herr ist
wirklich auferweckt worden! Er hat sich Simon
gezeigt!“ 35 Da erzählten sie ihnen, was sie selbst unterwegs
erlebt hatten und wie sie den Herrn erkannten, als er das Brot
brach und an sie austeilte.

Einführung

Zwei Jünger, wohl aus dem weiteren Kreis um Jesus, sind auf dem Weg nach Emmaus. Es fällt auf, dass sie – obwohl sie Jesus doch persönlich kannten – ihn nicht erkennen, als er ihnen begegnet. Es bedarf einer Zeichenhandlung, damit sie begreifen, wen sie vor sich haben. Erst dann geht ihnen auf, welche besondere Wirkung es auf sie hatte, als Jesus ihnen die biblischen Aussagen über den von Gott versprochenen Retter erläutert hat. Ähnlich ergeht es im Johannesevangelium auch Maria von Magdala, die Jesus zunächst für einen Gärtner hält (Joh 20,14-16), und den Jüngern am See von Tiberias, die Jesus erst erkennen, als er ihnen befiehlt, das Netz auf der rechten Bootsseite auszuwerfen (Joh 21,1-17). Auch mit Letzteren nimmt Jesus dann gemeinsam eine Mahlzeit ein.

Herrschaft: griechisch „basileia“ („Königsherrschaft“). Markus und Lukas sprechen von der „basileia tou theou“ („Königsherrschaft Gottes“). Matthäus gebraucht diesen Begriff für die neue Welt Gottes, insbesondere in der Kombination „basileia tōn ouranōn“ („Königsherrschaft der Himmel“).

Heilige Schriften: Schriften der jüdischen Bibel, des christlichen Alten Testaments.

Erzählteppich

Geschichten werden lebendig durch Erzählen, Ausschmücken und Spielen.

Material: Bastelvorlage (s. Downloads) und entsprechendes Material; weitere Requisiten (hier: Holzfiguren, Tiere, Bauklötze als Häuser, Puppentisch, Becher, Teller)

Beschreibung: Der Erzählteppich bietet mehrere Möglichkeiten: **1.** Die Erzählerin / der Erzähler präsentiert damit eine biblische Geschichte und die Kinder folgen dem Spiel der Figuren. **2.** Die Geschichte wird erzählt und die Kinder dekorieren und bestücken fantasievoll den Erzählteppich, indem sie Figuren und Requisiten passend zur Geschichte auslegen. **3.** Die Kinder nutzen den Teppich in freien Spielzeiten. Sie spielen gehörte Geschichten nach oder erfinden neue. Dabei können weitere Requisiten aus dem Raum wie Holzfiguren, Tiere, Bauklötze ... zum Einsatz kommen.

Bibeltext: Hier liegt der Fokus auf der Reise zwischen zwei Orten. Gespielt wird z. B. mit Holzfiguren. Zu einem der „Häuser“ am Ende der Reise einen Puppentisch, Becher und Teller als Symbol für das Mahl aufstellen.

Kompetenzen: Die Kinder können sich auf eine Geschichte einlassen und der Handlung folgen. Sie können auf dem Erzählteppich eine bekannte Geschichte mit anderen spielen oder neue erfinden.

•• Bibliolog / Rückengeschichte / Band NT1: Kegelfiguren

Denkhüte

Mithilfe von sechs farbigen Hüten unterschiedliche Blickwinkel einnehmen.

Material: Bastelvorlage (s. Downloads) und entsprechendes Material

Beschreibung: Die Kreativitätstechnik der Sechs Denkhüte stammt von Edward de Bono und ist hier vereinfacht dargestellt. **Weißer Hut:** sachlich. Was habe ich gehört/gelesen? Welche Informationen brauche ich noch? **Roter Hut:** emotional. Was fühlt sich gut/schlecht an? Was macht mir Sorgen? Was gibt mir Hoffnung? **Schwarzer Hut:** kritisch. Welche Probleme sehe ich? Wo habe ich Zweifel? **Gelber Hut:** positiv. Welche Vorteile gibt es? Was begeistert? **Grüner Hut:** innovativ. Was können wir noch denken, ausprobieren oder verändern? **Blauer Hut:** strukturierend/erklärend. Mit ihm wird anfangs ausgewählt, welche Rollen (Hüte) in welcher Reihenfolge eingenommen werden, und am Schluss ausgewertet.
Die Moderation erklärt die Bedeutung der Hüte und gibt eine Frage oder ein Thema vor. Bei jedem Hut schlüpfen alle gemeinsam in die entsprechende Rolle. Jede Hut-Karte wird so lange weiter gereicht, bis keine Antworten mehr kommen. Dann folgt der nächste Hut.

Bibeltext: Leitfrage: Wie können die beiden Jünger sicher sein, dass Jesus auferstanden ist? – Der grüne Hut kann hier weggelassen werden.

Kompetenzen: Die Kinder können gemeinsam unterschiedliche Perspektiven einnehmen. Sie können ihre Gedanken, Gefühle und Ideen einbringen und auswerten.

•• Tagebucheintrag / Wortkarten-Story / Band AT1: Denk-mal-Karten

Lege-Mosaik

Mit unterschiedlichen Plättchen und Steinen Mosaike auslegen.

Material: runde dunkle Tücher in verschiedenen Größen, geometrische Plättchen, Glas- oder Keramiksteine, Streumaterial aus Holz und Stoff (Blumen, Herzen); Behälter

Beschreibung: Mosaike legen wirkt entspannend und fördert die Kreativität. Sie sind gut geeignet, damit Kinder nach einer Geschichte bei sich ankommen und ihre Gedanken ausdrücken können.
Verschiedene Materialien aus elementaren Grundformen, z. B. bunte Legeplättchen aus Holz oder Filz, liegen in Behältern aus. Als Untergrund eignen sich runde dunkle Tücher in verschiedenen Größen. Die Kinder bilden auf den Tüchern regelmäßige oder frei gestaltete Muster. Das kann in Einzelarbeit oder in Gruppen von bis zu drei Kindern geschehen. Die Mosaike können zum Schluss noch mit Streumaterial verziert werden.

Bibeltext: Hier könnte das Symbol des Weges aufgenommen werden. Es ist aber darauf zu achten, dass das Legen der Mosaike nicht zweckbestimmt wird. Die Kinder verarbeiten im Spielprozess Eindrücke der Geschichte. Die Ergebnisse würdigen, aber nicht werten.

Variante: Restpapier zu Mosaik-Plättchen schneiden und ein „Papier-Mosaik" auf stabiles Papier oder Tonkarton kleben.

Kompetenzen: Die Kinder können mit Farben und Formen spielen und sie als Mosaik schöpferisch anordnen. Sie können sich auf das Material einlassen und ihre Eindrücke in Spiel und Gestaltung ausdrücken.

•• Liturgische Handlung / Stiller Spaziergang / Band NT1: Namens-Schilder

JOHANNES 20,24-29

Jesus zeigt sich Thomas

24 Als Jesus kam, war Thomas, genannt der Zwilling, einer
aus dem Kreis der Zwölf, nicht dabei gewesen. 25 Die anderen Jünger erzählten ihm: „Wir haben den Herrn gesehen!“
Thomas sagte zu ihnen: „Niemals werde ich das glauben! Da
müsste ich erst die Spuren von den Nägeln an seinen Händen
sehen und sie mit meinem Finger fühlen und meine Hand in
seine Seitenwunde legen – sonst nicht!“ 26 Eine Woche später waren die Jünger wieder im Haus versammelt und Thomas war bei ihnen. Die Türen waren abgeschlossen. Jesus
kam, trat in ihre Mitte und sagte: „Frieden sei mit
euch!“ 27 Dann wandte er sich an Thomas und sagte: „Leg
deinen Finger hierher und sieh dir meine Hände an! Streck
deine Hand aus und lege sie in meine Seitenwunde! Hör
auf zu zweifeln und glaube!“ 28 Da antwortete Thomas:
„Mein Herr und mein Gott!“ 29 Jesus sagte zu ihm: „Du
glaubst, weil du mich gesehen hast. Freuen dürfen sich
alle, die mich nicht sehen und trotzdem glauben!“

Einführung

Als die Jüngerinnen und Jünger Thomas von der Auferstehung Jesu berichten, zweifelt er. Die anderen reden auf ihn ein, doch Thomas ist nicht überzeugt. Dass er Jesus berühren will, zeigt, dass er sich nach Vergewisserung sehnt. Nach acht Tagen erscheint Jesus ein weiteres Mal. Er geht auf Thomas und seine Zweifel ein. Jesu Erscheinen genügt Thomas, um seine Zweifel zu überwinden. Menschen, die später an Jesus glauben werden, ohne Jesus gesehen zu haben, sind gemäß den Worten von Jesus besonders gesegnet.

Thomas: einer der Jünger aus dem Zwölferkreis.

Seitenwunde: Wunde, die Jesus mit einer Lanze zugefügt wurde, als er am Kreuz hängt.

„Mein Herr und mein Gott!“: eines der höchsten Glaubensbekenntnisse der frühchristlichen Kirche im Hinblick auf Jesus. Entspricht einerseits den Aussagen des Johannes-Prologs über die göttliche Natur des fleischgewordenen Gottesworts (Joh 1,1), stellt andererseits eine Polemik gegen den römischen Kaiserkult zur Entstehungszeit des Johannes-Evangeliums dar, in dem der Kaiser als „unser Herr und unser Gott“ tituliert wurde.

Bibel-Lese-Fächer

Lesestrategien erwerben und dadurch Bibeltexte besser verstehen.

Material: Bastelvorlage (s. Downloads) und entsprechendes Material; Stifte, 1 Bibel / ausgedruckter Bibeltext pro Kind, Lineale, Bibellexikon, Notizzettel, hier: Lesezeichen

Beschreibung: Die Kinder erhalten oder basteln einen Bibel-Lese-Fächer. Die Leitung geht die Fächerkarten mit den Kindern durch.
Diese ermöglichen: **1. Suchen:** die Bibelstelle finden. **2. Überblicken:** eigene Ideen/ Erwartungen formulieren, Vorwissen aktivieren. **3. Lesen:** Handlung/Inhalt verstehen. **4. Unterstreichen:** unbekannte oder schwierige Wörter erkennen und markieren. **5. Klären:** unbekannte Wörter durch Nachfragen/Nachlesen klären. **6. Umkreisen:** sich mit dem Text auseinandersetzen und wichtige Wörter umkreisen. **7. Präsentieren:** Weiterarbeit durch Erzählen, Fragen, Notieren und Malen.

Bibeltext: Der Bibel-Lese-Fächer kann reduziert eingesetzt oder mit anderen Methoden/ Sozialformen kombiniert werden. Hier die Bibelstelle bereits mit einem Lesezeichen in der Bibel markieren, die Kinder bearbeiten für sich die Schritte 3 und 4. Schritt 5 findet in der Gruppe statt. Die Schritte 6 und 7 entfallen und werden durch andere Methoden ersetzt.

Kompetenzen: Die Kinder können Strategien für die Erschließung von Bibeltexten anwenden und ihre Lesekompetenz erweitern. Sie können Texte verstehen, unbekannte Wörter klären, zentrale Aussagen finden und mit dem Text weiterarbeiten.

•• Zeitlupe / Magnetgeschichte / Band AT2: Bibel-Lese-Ampel

Stopp-Motion-Film

Einzelne Fotos von Objekten aufnehmen und so aneinanderfügen, dass die Illusion einer Bewegung erzeugt wird.

Material: Smartphone/Kamera, Stativ, Lampen; Stopp-Motion-App oder Animations-Software, Computer, Internetzugang, evtl. Beamer und Musik/Geräusche für den Soundtrack; fertiges Drehbuch oder Stift und Papier, Figuren mit Gelenken oder aus Knetmasse; Tisch, Brett, Bilder/Tücher als Kulisse, evtl. Klebegummi

Beschreibung: Entweder gemeinsam mit den Kindern im Rahmen einer Projektarbeit ein kurzes Drehbuch erstellen oder im Vorfeld selbst schreiben. Es enthält (skizzierte) Szenen, alles erforderliche Material, Hinweise zu Kamera- und Lichteinstellungen. Außerdem wird ein Filmset benötigt, in dem die Figuren in Szene gesetzt werden.
Alles Material auslegen. Das Filmset aufbauen. Es eignet sich ein Tisch, an dem ein Bild/Tuch als Hintergrund angebracht ist und der von allen Seiten her zugänglich ist. Stativ mit Smartphone/Kamera und Lampen aufstellen. Den Raum, in dem das Filmset steht, evtl. verdunkeln. Die Kinder den Szenen zuteilen. Die Kinder üben ihre Szenen und das Bewegen der Figuren vor einfachen Kulissen. Dann geht es an den eigentlichen Dreh. Jede Szene wird mithilfe einzelner Fotos „gedreht" und mit einer hohen Auflösung (1920 x 1080 Pixel) aufgenommen. Dabei wird jede Bewegung, z. B. das Laufen einer Figur oder das Bewegen einer Hand, in einzelne Bilder unterteilt. Die Figuren werden so Stück für Stück bewegt. Evtl. ist es sinnvoll, den Figuren mit Klebegummi unter ihren Füßen einen festen Stand zu verschaffen. Für eine Sekunde Videomaterial können bis zu 15 Fotos verwendet werden, je nachdem, wie detailliert die Bewegung dargestellt werden soll. Sind alle Fotos aufgenommen, werden sie mit einer App oder einem Videoschnittprogramm zusammengefügt. Das fertige Video kann in einem weiteren Schritt mit Ton und Musik (Urheberrechte beachten!) hinterlegt werden.

Bibeltext: Es werden zwölf Figuren benötigt, aber nicht alle müssen ständig bewegt werden. Den Fokus lieber auf einzelne Figuren richten. Spannend ist die Umsetzung, wie Jesus plötzlich erscheint und wieder verschwindet.

Hinweis: Filmen ist aufwendig. Darum eignet sich eine solche Methode vor allem als mehrtägige Projektarbeit.

Kompetenzen: Die Kinder kennen digitale Werkzeuge und deren Funktionen und können diese zielgerichtet einsetzen. Sie können unter Anleitung eine Szene aufbauen und einen kurzen Film mithilfe der Stopp-Motion-Technik drehen.

•• Bibel-Schriftsteller / Ja-Nein-Stuhl / Band NT1: Szenische Darstellung

Zeitzeugen

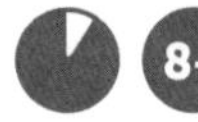   

Personen einer bestimmten Zeit nach ihren Erlebnissen und Beweggründen befragen oder zur heutigen Zeit in Beziehung setzen.

Material: evtl. einfache Figuren

Beschreibung: Zeitzeugen sind Personen, die von bestimmten historischen Ereignissen berichten können, weil sie zu der betreffenden Zeit gelebt haben.
Gemeinsam eine Figur aus einer bereits gelesenen oder gehörten Geschichte bestimmen. Die Leitung stellt dann Fragen, z. B.: Stell dir vor, die Person XY wäre heute hier. Was würdest du sie/ihn fragen? Wenn du mit XY einen Tag verbringen würdest, was würdest du mit ihr/ihm machen wollen? Dabei kann die Figur auch zur heutigen Zeit in Beziehung gesetzt werden: Was würde XY bei uns entdecken, das sie/er noch nicht kennt? Was könntet ihr XY erzählen, das sie/er noch nicht weiß? Jeweils zwei bis drei Kinder antworten lassen, dann folgt die nächste Frage.

Bibeltext: Fragen: Angenommen, Thomas wäre heute hier – was würdest du ihn fragen? Wenn Thomas mit dir über die Auferstehung sprechen würde, was könnte er Neues entdecken? Jesus nicht sehen und trotzdem an ihn glauben (V. 29): Erzähl Thomas, wie dir das gelingt (oder nicht gelingt).

Kompetenzen: Die Kinder können unterschiedliche Perspektiven einnehmen und sich in die Personen hineinversetzen. Die Kinder können einzelne Figuren aus biblischer Zeit beschreiben und wie ihre Handlungen auf sie wirken.

•• Zukunfts-Message / Best-of / Band AT1: Bibelbesuch

JOHANNES 21,1-17

Jesus zeigt sich sieben Jüngern am See von Tiberias.

1 Später zeigte sich Jesus seinen Jüngern noch einmal am See von Tiberias. Das geschah so: 2 Einige von ihnen waren dort am See beisammen – Simon Petrus, Thomas, der auch Zwilling genannt wurde, Natanaël aus Kana in Galiläa, die Söhne von Zebedäus und zwei andere Jünger. 3 Simon Petrus sagte zu den anderen: „Ich gehe fischen!" „Wir kommen mit", sagten sie. Gemeinsam gingen sie zum See und stiegen ins Boot; aber während der ganzen Nacht fingen sie nichts. 4 Es wurde schon Morgen, da stand Jesus am Ufer. Die Jünger wussten aber nicht, dass es Jesus war. 5 Er redete sie an: „Kinder, habt ihr nicht ein paar Fische?" „Nein, keinen einzigen!", antworteten sie. 6 Er sagte zu ihnen: „Werft euer Netz an der rechten Bootsseite aus! Dort werdet ihr welche finden." Sie warfen das Netz aus und fingen so viele Fische, dass sie das Netz nicht ins Boot ziehen konnten. 7 Der Jünger, den Jesus besonders lieb hatte, sagte zu Petrus: „Es ist der Herr!" Als Simon Petrus das hörte, warf er sich das Obergewand über, band es hoch und sprang ins Wasser. Er hatte es nämlich zum Arbeiten abgelegt. 8 Die anderen Jünger ruderten das Boot an Land – es waren noch etwa hundert Meter – und zogen das Netz mit den Fischen hinter sich her. 9 Als sie an Land gingen, sahen sie ein Holzkohlenfeuer mit Fischen darauf, auch Brot lag dabei. 10 Jesus sagte zu ihnen: „Bringt ein paar von den Fischen, die ihr gerade gefangen habt!" 11 Simon Petrus ging zum Boot und zog das Netz an Land. Es war voll von großen Fischen, genau hundertdreiundfünfzig. Aber das Netz riss nicht, obwohl es so viele waren. 12 Jesus sagte zu ihnen: „Kommt her und esst!" Keiner von den Jüngern wagte zu fragen: „Wer bist du?" Sie wussten, dass es der Herr war. 13 Jesus trat zu ihnen, nahm das Brot und verteilte es unter sie, ebenso die Fische. 14 Dies war das dritte Mal, dass sich Jesus seinen Jüngern zeigte, seit er vom Tod auferstanden war. 15 Nachdem sie gegessen hatten, sagte Jesus zu Simon Petrus: „Simon, Sohn von Johannes, liebst du mich mehr, als die hier mich lieben?" Petrus antwortete: „Ja, Herr, du weißt, dass ich dich liebe." Jesus sagte zu ihm: „Sorge für meine Lämmer!" 16 Ein zweites Mal sagte Jesus zu ihm: „Simon, Sohn von Johannes, liebst du mich?" „Ja, Herr, du weißt, dass ich dich liebe", antwortete er. Jesus sagte zu ihm: „Leite meine Schafe!" 17 Ein drittes Mal fragte Jesus: „Simon, Sohn von Johannes, liebst du mich?" Petrus wurde traurig, weil er ihn ein drittes Mal fragte: „Liebst du mich?" Er sagte zu ihm: „Herr, du weißt alles, du weißt auch, dass ich dich liebe." Jesus sagte zu ihm: „Sorge für meine Schafe!"

Einführung

Das Evangelium von Johannes schließt mit einem Nachtrag. Die Erscheinung in Kapitel 21 findet nicht in Jerusalem, sondern in Galiläa statt. Petrus und die anderen Fischer gehen wieder ihrem alten Handwerk nach. Der zunächst erfolglose Fischfang hat eine Parallele in einem Bericht der synoptischen Evangelien von einer ähnlichen Begebenheit zu Jesu Lebzeiten (z. B. Lk 5,1-11). In der Deutung des Gesprächs zwischen Jesus und Petrus sind sich die Kommentare nicht einig. Die meisten sehen einen Zusammenhang zwischen der dreimaligen Verleugnung von Petrus, der damit einhergehenden Selbstüberschätzung und seiner Wiedereinsetzung durch Jesus. Andere Kommentare sehen in der dreifachen Bekräftigung ein Stilmittel, um der innigen Beziehung und der Bedeutung des Amtes des Petrus besonderen Ausdruck zu verleihen.

See von Tiberias: auch See Gennesaret oder Galiläisches Meer genannt. Er liegt 212 Meter unter dem Meeresspiegel, ist 21 km lang und 13 km breit.

Bibel-Lern-Duett

Texte selbst lesen und erarbeiten und einander das Gelernte weitergeben.

Material: 1 aufbereiteter Bibeltext pro Kind, Stifte, evtl. Bibellexika, Bibeln

Beschreibung: Den Bibeltext am PC mit einem Textprogramm aufbereiten. Dazu den Text in zwei Teile teilen und je zwei bis drei Aufgaben/Fragen zum Text entwickeln. Schriftgröße, Textumfang und Aufgabenstellungen an das Alter der Kinder anpassen.
Jedes Kind enthält einen Textabschnitt. Die Zuordnung erfolgt zufällig. Die Kinder bearbeiten jedes für sich den Bibeltext. Sie lesen ihn durch und lösen die Aufgaben in ihrem eigenen Tempo. Wer fertig ist, geht in die Mitte des Raumes. Je zwei Kinder, von denen eines den ersten und das andere den zweiten Textabschnitt bearbeitet hat, gehen zusammen. Sie erzählen einander, wovon ihr Text handelt, und geben weiter, was sie dazu herausgefunden haben. – Es sollte ein Vertiefungsangebot für diejenigen Kinder geben, die früh fertig sind, z. B. mit weiteren Informationen zur Lebenswelt des Textes oder verschiedenen Bibelübersetzungen, die verglichen werden können.

Bibeltext: Den Bibeltext aufteilen in die Verse 1-10 und 10-17.

Kompetenzen: Die Kinder können einen Bibeltext sinnverstehend lesen, mithilfe von Aufgaben Inhalte klären und Antworten finden. Sie können ihre Erkenntnisse weitergeben.

•• Knetgeschichte / Vier Augen / Band AT1: Bibel-Lese-Kette

Johannes 21,1-10

Jesus zeigt sich sieben Jüngern am See von Tiberias
1 Später zeigte sich Jesus seinen Jüngern noch einmal am See
von Tiberias. Das geschah so: 2 Einige von ihnen waren dort am
See beisammen – Simon Petrus, Thomas, der auch Zwilling
genannt wurde, Natanaël aus Kana in Galiläa, die Söhne von Zebedäus und zwei andere Jünger. 3 Simon Petrus sagte zu den anderen: „Ich gehe fischen!" „Wir kommen mit", sagten sie. Gemeinsam gingen sie zum See und stiegen ins Boot; aber während der
ganzen Nacht fingen sie nichts. 4 Es wurde schon Morgen, da
stand Jesus am Ufer. Die Jünger wussten aber nicht, dass es
Jesus war. 5 Er redete sie an: „Kinder, habt ihr nicht ein paar
Fische?" „Nein, keinen einzigen!", antworteten sie. 6 Er sagte zu
ihnen: „Werft euer Netz an der rechten Bootsseite aus! Dort
werdet ihr welche finden." Sie warfen das Netz aus und fingen so
viele Fische, dass sie das Netz nicht ins Boot ziehen konnten. 7
Der Jünger, den Jesus besonders lieb hatte, sagte zu Petrus: „Es
ist der Herr!" Als Simon Petrus das hörte, warf er sich das
Obergewand über, band es hoch und sprang ins Wasser. Er hatte
es nämlich zum Arbeiten abgelegt. 8 Die anderen Jünger ruderten
das Boot an Land – es waren noch etwa hundert Meter – und
zogen das Netz mit den Fischen hinter sich her. 9 Als sie an Land
gingen, sahen sie ein Holzkohlenfeuer mit Fischen darauf, auch
Brot lag dabei. 10 Jesus sagte zu ihnen: „Bringt ein paar von den
Fischen, die ihr gerade gefangen habt!"

Fragen:

- Was passiert in der Geschichte?
- Welche Person möchtest du im Bibeltext sein?
- Welcher Vers aus dem Bibeltext ist dir am wichtigsten?

Johannes 21,10-17

Jesus und Petrus
10 Jesus sagte zu ihnen: „Bringt ein paar von den Fischen, die ihr
gerade gefangen habt!" 11 Simon Petrus ging zum Boot und zog
das Netz an Land. Es war voll von großen Fischen, genau hundertdreiundfünfzig. Aber das Netz riss nicht, obwohl es so viele
waren. 12 Jesus sagte zu ihnen: „Kommt her und esst!" Keiner
von den Jüngern wagte zu fragen: „Wer bist du?" Sie wussten,
dass es der Herr war. 13 Jesus trat zu ihnen, nahm das Brot und
verteilte es unter sie, ebenso die Fische. 14 Dies war das dritte
Mal, dass sich Jesus seinen Jüngern zeigte, seit er vom Tod
auferstanden war. 15 Nachdem sie gegessen hatten, sagte Jesus
zu Simon Petrus: „Simon, Sohn von Johannes, liebst du mich
mehr, als die hier mich lieben?" Petrus antwortete: „Ja, Herr, du
weißt, dass ich dich liebe." Jesus sagte zu ihm: „Sorge für meine
Lämmer!" 16 Ein zweites Mal sagte Jesus zu ihm: „Simon, Sohn
von Johannes, liebst du mich?" „Ja, Herr, du weißt, dass ich dich
liebe", antwortete er. Jesus sagte zu ihm: „Leite meine Schafe!"
17 Ein drittes Mal fragte Jesus: „Simon, Sohn von Johannes,
liebst du mich?" Petrus wurde traurig, weil er ihn ein drittes Mal
fragte: „Liebst du mich?" Er sagte zu ihm: „Herr, du weißt alles,
du weißt auch, dass ich dich liebe." Jesus sagte zu ihm: „Sorge
für meine Schafe!"

Fragen:

- Was passiert in der Geschichte?
- Wie findest du, was Jesus im Bibeltext zu Petrus sagt?
- Welcher Vers aus dem Bibeltext ist dir am wichtigsten?

Vier Ecken

Meinungsbild über vier Aussagen durch Positionierung.

Material: DIN-A3-Papier, Stifte, Klebestreifen

Beschreibung: Die Moderation stellt vier Aussagen zu einem Inhalt vor und hängt diese jeweils in eine Ecke des Raumes, beispielsweise mögliche Deutungen einer Geschichte oder verschiedene Auffassungen zu einem Thema. Die Kinder ordnen sich der Aussage zu, mit der sie am meisten übereinstimmen und treffen dort auf Gleichgesinnte. Sie besprechen miteinander, warum sie diese Aussage gewählt haben. Je nach Alter können dazu Notizen gemacht werden. Nach dieser ersten Phase treffen sich alle wieder in der großen Runde. Die Moderation befragt die Gruppen nach dem Grund ihrer Positionierung und achtet dabei darauf, dass alle Gruppen drankommen. Es sind mehrere Runden möglich. Dazu werden jeweils vier neue Aussagen verteilt.

Bibeltext: Mögliche Fragestellungen: Jesus bezieht seine Jüngerinnen und Jünger in seine Ziele mit ein. Was sind seine Ziele und wie denkst du darüber? Begabungen und Fähigkeiten sind für Jesus wichtig. Ist das auch heute so? Jesus lässt Fehler nicht unter den Tisch fallen, aber er vergibt sie und ermöglicht einen neuen Anfang. Wie geht es dir damit? Sich mit anderen zu vergleichen, lenkt vom eigenen Auftrag ab. Was kannst du? Wie schützt du dich vor dem Vergleich mit anderen?

Hinweis: Die Methode kann auch zur Themenwahl oder als Reflexionsinstrument eingesetzt werden.

Kompetenzen: Die Kinder können zu einer Aussage Position beziehen und diese ggf. auch schriftlich festhalten. Sie können von anderen hören und verschiedene Sichtweisen kennenlernen.

•• Chat-Box / Bibel-Live-Sendung / Band AT2: Gruppenlager

Foto-Story

Szenen zu einer Geschichte stellen, fotografieren und zu einer Story zusammenfügen.

Material: 1 Smartphone und 1 Foto-Story-Book pro Gruppe, Drucker (AirPrint), Papier, Stifte, Scheren, Klebstoff

Beschreibung: Die Kinder in die Methode einführen und in kleine Gruppen einteilen. Sie erhalten je ein Foto-Story-Book, in dem ein Auftrag und Hilfen zur Umsetzung (wie viele Fotos, Hinweise zur Kulisse, Tipps zum Fotografieren) stehen. Die Umsetzung erfolgt in den Räumen vor Ort unter Einbeziehung vorhandener Gegenstände und Requisiten. Arbeitsschritte: **1.** Die Kinder nehmen eine bestehende (biblische) Geschichte oder denken sich eine kurze Geschichte aus und machen sich Notizen. **2.** Die Geschichte wird auf die vorgegebene Anzahl Bilder aufgeteilt und die Szenen werden probeweise gestellt. **3.** Die Geschichte wird fotografiert. Dafür erhält jede Gruppe ein Smartphone. **4.** Jede Gruppe druckt ihre Bilder aus und klebt sie aneinander. Die Foto-Story kann mit einem Titel, Sprechblasen und Bildunterschriften weiter ausgestaltet werden. **5.** Jede Gruppe stellt ihre Foto-Story vor. Oder es folgt eine stille Betrachtung der verschiedenen Foto-Storys durch die Kinder.

Bibeltext: Die beiden Hauptteile der Geschichte sind der Fischzug der Jünger und das Gespräch zwischen Jesus und Petrus. Interessant ist die Frage, welche Details der Geschichte die Gruppen inszenieren und welche sie weglassen. Frage zur Reflexion: Welches Foto findest du am stärksten und warum?

Hinweis: Schritt 3 kann verkürzt werden, indem eine erwachsene Person fotografiert. Schritt 4 kann über eine Projektion an eine Leinwand erfolgen.

Kompetenzen: Die Kinder können aus vorgegebenen und eigenen Ideen Szenen entwickeln. Sie können eine Rolle einnehmen und szenisch spielen. Sie können Medien unter Anleitung einsetzen und visuelles und textliches Gestalten kombinieren.

•• Lernschachtel / Best-of / Band NT1: Folgetag

APOSTELGESCHICHTE 1,4-11

Jesus nimmt Abschied von seinen Jüngern

4 Als Jesus wieder einmal bei ihnen war und mit ihnen aß, schärfte er ihnen ein: „Bleibt in Jerusalem und wartet auf den Geist, den mein Vater versprochen hat. Ich habe euch sein Kommen angekündigt, als ich euch sagte: 5 ‚Johannes hat mit Wasser getauft, aber ihr werdet schon bald mit dem Geist Gottes getauft werden.'" 6 Die Versammelten fragten Jesus: „Herr, wirst du dann die Herrschaft Gottes in Israel wieder aufrichten?" 7 Jesus antwortete: „Mein Vater hat festgelegt, welche Zeiten bis dahin noch verstreichen müssen und wann es so weit ist. Ihr braucht das nicht zu wissen. 8 Aber ihr werdet mit dem Heiligen Geist erfüllt werden, und dieser Geist wird euch die Kraft geben, überall als meine Zeugen aufzutreten: in Jerusalem, in ganz Judäa und Samarien und bis ans äußerste Ende der Erde." 9 Während er das sagte, wurde er vor ihren Augen emporgehoben. Eine Wolke nahm ihn auf, sodass sie ihn nicht mehr sehen konnten. 10 Als sie noch wie gebannt nach oben starrten und hinter ihm hersahen, standen plötzlich zwei weiß gekleidete Männer neben ihnen. 11 „Ihr Galiläer", sagten sie, „warum steht ihr hier und schaut nach oben? Dieser Jesus, der von euch weg in den Himmel aufgenommen wurde, wird auf dieselbe Weise wiederkommen, wie ihr ihn habt weggehen sehen!"

Einführung

Die Apostelgeschichte schließt an die letzten Ereignisse des Lukasevangeliums an – was dazu passt, dass beide biblischen Bücher demselben Verfasser zugeschrieben werden. Jesus und seine Apostel sind auf dem Ölberg versammelt. Jesus trägt ihnen auf, als „Zeugen" das, was sie gehört und gesehen haben, weiterzutragen. Die geografische Angabe „in Jerusalem, in ganz Judäa und Samarien und bis ans äußerste Ende der Erde" gliedert die Apostelgeschichte im Ganzen: Die Kapitel 1 – 7 berichten von der Verkündigung der Apostel in Jerusalem, die Kapitel 8 – 11 befassen sich mit der Mission in Samaria und den Küstengebieten. Es folgen in Kapitel 11 – 15 Paulus' erste Missionsreise nach Antiochia und in Kapitel 15 – 28 Paulus' weitere Missionsreisen nach Kleinasien, Griechenland und schließlich Rom (unterbrochen von seiner Reise nach Jerusalem, seiner Verhaftung und dem Prozess gegen ihn in Kapitel 19 – 26).

Zeuge: wird bei juristischen Fällen angehört, bestätigt den Abschluss von Verträgen. In der Apostelgeschichte vor allem auf den Zwölferkreis der Jünger Jesu als Augenzeugen seiner Taten und Verkünder der guten Nachricht begrenzt, mit Ausnahme von Stephanus und Paulus.

Magnetgeschichte

Figuren auf einer Fläche magnetisch steuern und damit erzählen und spielen.

Material: Graukarton oder glatte dünne Holzplatte, Figuren, Büroklammern/Metallscheiben, Magnete, Klebstoff, weitere Requisiten (hier: flache Figuren, Wolke, Engel und Sprechblasen mit Bildern zu den wichtigsten Aussagen der Rede Jesu aus Papier)

Beschreibung: Die Geschichte wird mit magnetischen Figuren gespielt und erzählt. Es gibt zwei Möglichkeiten: **1.** Einen Graukarton o.ä. aufstellen. Benötigt werden hier flache Figuren (z. B. Flanellbilder, Silhouetten-Bilder), an deren Rückseite Büroklammern aus Metall oder eine Magnetscheibe befestigt werden. Dazu mehrere Magnete, die als Gegenstück an der Rückseite des Kartons angebracht werden. Mithilfe der Magnete lassen sich die Figuren zur Geschichte bewegen. **2.** Eine Grundfläche aus dünnem Holz so aufbauen, dass man mit den Händen gut darunter fassen kann. Alternativ an einem flachen Tisch spielen. Hier wird mit stehenden Figuren (z. B. aus Holz) gespielt, an deren Unterseite eine Metallscheibe befestigt wird. Mehrere Magnete (Stärke ausprobieren, das variiert je nach Dichte der Grundfläche) bewegen als Gegenstücke die Figuren.
Die Geschichte mit den Figuren erzählen und dazu spielen. Die Kinder beim Spiel einbeziehen und Figuren bewegen lassen oder einzelne Szenen nachspielen lassen.

Bibeltext: Für die Erzählung werden Figuren für Jesus, mehrere Gruppen von Jüngerinnen und Jüngern sowie zwei Boten benötigt, außerdem eine Wolke und einige Sprechblasen. Die Rede von Jesus durch Bilder in Sprechblasen veranschaulichen, die passend mit den Magneten eingeschoben werden.

Kompetenzen: Die Kinder können einer Handlung folgen. Sie können Figuren auf einer Fläche magnetisch bewegen.

•• Bibliolog / Ja-Nein-Rätsel / Band AT2: Papierrollengeschichte

Emojis

Mit Emojis Texte und Bilder kommentieren und deuten.

Material: Bastelvorlage (s. Downloads) und entsprechendes Material; evtl. 1 vergrößert ausgedruckter Bibeltext oder Bilder zur Geschichte, Tafel/Whiteboard, 1 Säckchen pro Gruppe, hier: Figuren aus der vorherigen Methode

Beschreibung: Ideen für den Einsatz: **1.** Ein Bibeltext wird vergrößert aufgehängt. Die Kinder kommentieren ihn mit verschiedenen Emojis. Die Moderation greift einige Emojis auf und lässt deren Zuordnung begründen. **2.** Ausgelegte Bilder durch passende Emojis ergänzen. Den Fokus auf die Emotionen der Personen legen. **3.** Zu einer Geschichte oder einem Thema wählt jedes Kind zwei passende Emojis, stellt seine Emojis den anderen vor und begründet die Wahl. **4.** Die Kinder treffen sich zu zweit. Sie ziehen ein Emoji aus einem Säckchen und besprechen, wann sie diese Emotion haben. Anschließend wird mit einem anderen Team getauscht und neu überlegt. Drei bis vier Durchgänge durchführen. **5.** Die Kinder reflektieren einen Inhalt / eine Gruppenstunde mithilfe der Emojis. – Nicht jedes Emoji lässt sich eindeutig einer Bedeutung zuordnen. Darum ist es wichtig, sich über die Wahl auszutauschen.

Bibeltext: Die Figuren, die in der „Magnetgeschichte“ verwendet wurden, auslegen. Mit Emojis ergänzen und über die Wahl sprechen.

Kompetenzen: Die Kinder kennen Emojis. Sie können die Bildsymbole verstehen und sich damit ausdrücken.

•• Vier Ecken / Liegebilder / Band AT2: Gefühlswörter

Zeithocker

Mit (biblischen) Personen auf Zeitreise gehen und verschiedene Perspektiven einnehmen.

Material: 3 Stühle und 3 Schilder („Vergangenheit“ / „Gegenwart“ / „Zukunft“)

Beschreibung: Drei Stühle stehen im Raum. Sie tragen jeder ein Schild (Aufschriften: „Vergangenheit“, „Gegenwart“, „Zukunft“). Es gibt verschieden Möglichkeiten. **1.** Im Vorfeld wurde ein Bibeltext gelesen. Ein Kind setzt sich stellvertretend für eine biblische Person auf den Stuhl „Gegenwart“ und erzählt, wie es der Person gerade in der Geschichte geht, was sie beschäftigt oder was sie erlebt. Danach wechselt das Kind wahlweise auf den Stuhl „Vergangenheit“ und berichtet aus einer früheren Zeit der Person (Wie war es damals?) oder auf den Stuhl „Zukunft“ (Wie wird es der Person wohl in der Zukunft ergehen?). **2.** Ein aktuelles Thema wird genannt. Auch hier wird das Thema zuerst in der Gegenwart kommentiert und danach aus einer zweiten Perspektive betrachtet, z. B. wie das Kind früher darüber dachte oder wie es in Zukunft handeln möchte. **3.** Über ein Thema des Glaubens oder des Alltags austauschen: Was hat mich früher dazu beschäftigt? / Wie geht es mir derzeit mit dem Thema? / Was könnte mich in Zukunft beschäftigen? Was könnte passieren?

Bibeltext: Vergangenheit: Wie hättest du die Geschichte vielleicht miterlebt? Was hättest du gesehen? Hättest du Angst gehabt, als Jesus von der Wolke umhüllt wurde? Wärst du traurig gewesen, weil er weg war? Hättest du dich gefreut, dass er jetzt im Himmel sein darf? **Gegenwart:** Was bedeutet der Bibeltext heute für dich? Was weißt du über den Heiligen Geist, den Jesus hier ankündigt? Erlebst du das? **Zukunft:** Wie könnte der Text in der Zukunft für dich noch Bedeutung haben? Wie könntest du in Zukunft den Heiligen Geist in deinem Leben spüren?

Kompetenzen: Die Kinder können in Ansätzen Themen und Handlungen in unterschiedlichen Zeitebenen bedenken. Sie können ihre Ideen und Vorstellungskraft einbringen.

•• Audio-Collage / Rollen-Vers / Band AT1: Erzählstuhl

APOSTELGESCHICHTE 2,1-13

An Pfingsten kommt der Heilige Geist

1 Als das Pfingstfest kam, waren wieder alle, die zu Jesus hielten, versammelt. 2 Plötzlich gab es ein mächtiges Rauschen, wie wenn ein Sturm vom Himmel herabweht. Das Rauschen erfüllte das ganze Haus, in dem sie waren. 3 Dann sahen sie etwas wie Feuer, das sich zerteilte, und auf jeden ließ sich eine Flammenzunge nieder. 4 Alle wurden vom Geist Gottes erfüllt und begannen in anderen Sprachen zu reden, jeder und jede, wie es ihnen der Geist Gottes eingab. 5 Nun lebten in Jerusalem fromme Juden aus aller Welt, die sich hier niedergelassen hatten. 6 Als sie das mächtige Rauschen hörten, strömten sie alle zusammen. Sie waren ganz verwirrt, denn jeder hörte die Versammelten, die Apostel und die anderen, in seiner eigenen Sprache reden. 7 Außer sich vor Staunen riefen sie: „Die Leute, die da reden, sind doch alle aus Galiläa! 8 Wie kommt es, dass jeder von uns sie in seiner Muttersprache reden hört? 9 Wir kommen aus Persien, Medien und Elam, aus Mesopotamien, aus Judäa und Kappadokien, aus Pontus und aus der Provinz Asien, 10 aus Phrygien und Pamphylien, aus Ägypten, aus der Gegend von Kyrene in Libyen und sogar aus Rom. 11 Wir sind geborene Juden und Fremde, die sich der jüdischen Gemeinde angeschlossen haben, Insel- und Wüstenbewohner. Und wir alle hören sie in unserer eigenen Sprache die großen Taten Gottes verkünden!“ 12 Erstaunt und ratlos fragten sie einander, was das bedeuten solle. 13 Andere machten sich darüber lustig und meinten: „Die Leute sind doch betrunken!“

Einführung

An Pfingsten, 50 Tage nach Passa, erfüllt sich die verheißene Ausgießung des Geistes. Die Art und Weise, wie das geschieht, erinnert an Texte aus dem Alten Testament, die vom Erscheinen Gottes berichten: Schon dort sind Wind, Sturm und Feuer verknüpft mit diesem Ereignis und fungieren als Zeichen seiner Gegenwart und Nähe – so zum Beispiel in der Wolken- und Feuersäule, die dem Volk Israel beim Auszug aus Ägypten den Weg weist (2. Mose 13,21) und in der Vision Ezechiëls (Hes 1,1-28a). Wind und Sturm verdeutlichen hier entfesselnde Lebendigkeit und weisen auf die Kraft des Heiligen Geistes hin, Menschen „in Bewegung“ zu setzen. Die Feuerzungen zeigen an, dass Gott von nun an durch seinen Geist in Menschen gegenwärtig ist, die an Christus glauben.

Pfingstfest: bedeutet „fünfzigste“, meint hier das Wochenfest (hebräisch „Schavuot“), das sieben Wochen nach dem Passafest gefeiert wird. Es erinnert an die Offenbarung des Gesetzes am Berg Sinai. Das Pfingstfest wird für die ersten Christen zum Fest des Heiligen Geistes, der auf die Gemeinde ausgegossen wird.

Heiliger Geist: Der ursprüngliche hebräische und griechische Begriff bedeutet „Wind, Hauch“. (Schöpfungs-)Kraft Gottes, die fortwährend in der Schöpfung (und so auch in den Menschen) wirkt. Wer an Jesus Christus glaubt, erhält den Geist und mit ihm Gaben des Geistes.

Lese-Rolle

Bibelverse oder andere kurze Texte auf einer Rolle in der Gruppe abwechselnd vorlesen.

Material: Bastelvorlage (s. Downloads) und entsprechendes Material; hier: evtl. zweite Lese-Rolle mit dem Text in unterschiedlichen Sprachen

Beschreibung: Im Vorfeld eine Lese-Rolle herstellen.
Ein Kind beginnt. Es zieht den Text bis zum ersten Strich und liest ihn vor. Dann reicht es die Rolle weiter und das nächste Kind macht weiter. Am Schluss liegt die Rolle ausgerollt da und es kann mit einer Folgemethode am Text weitergearbeitet werden.

Bibeltext: An die Methode ein kurzes Gespräch anschließen. Wie stellen sich die Kinder diese Sprachverwirrung vor? Hier könnte noch eine zweite Rolle mit dem Text in unterschiedlichen Sprachen eingebaut werden. Beim Lesen muss nicht auf die richtige Aussprache geachtet werden.

Hinweis: Kann auch mit Geschichten durchgeführt werden, die in kurze Abschnitte aufgeteilt sind.

Kompetenzen: Die Kinder können ihre Lesefähigkeiten einbringen. Sie können der Handlung folgen und aufeinander achten.

•• Straßenzug / Magnetgeschichte / Band AT2: Leseplatz

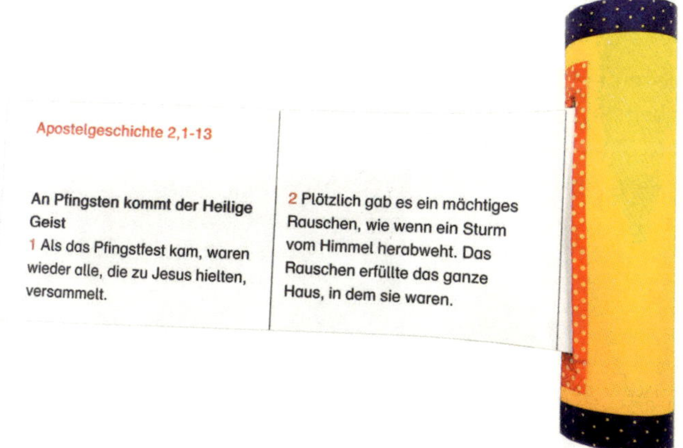

Bibel-Symbol-Kiste

Sich mit religiösen Symbolen auseinandersetzen.

Material: Bilder von religiösen Symbolen (Liste s. Downloads; hier: Feuerflamme, evtl. Taube, Siegel)

Beschreibung: Die Bibel-Symbol-Kiste kann verschieden eingesetzt werden: **1.** Bei Bibeltexten mit starker Symbolik passende Symbole in der Kiste suchen, erklären oder die Bedeutung gemeinsam erforschen. **2.** Mehrere Symbole miteinander vergleichen oder zueinander in Beziehung setzen. **3.** Die Kinder deuten religiöse Symbole und teilen ihr Wissen und ihre Erfahrung, z. B. wo sie dem Symbol schon begegnet sind. **4.** Die Kinder können sich zu einem Symbol positionieren: Welches Symbol gefällt mir am besten? Wie gut kenne ich ein Symbol? Wie nah/fern ist mir das Symbol? – Die Moderation achtet darauf, dass Deutungen nicht gewertet werden.

Bibeltext: Bilder für den Heiligen Geist heraussuchen. Der Text spricht von Feuerflammen, es können auch weitere Texte und Symbole aufgenommen werden, z. B. Taube (Mt 3,16), Siegel (Eph 1,13). Die Kinder äußern sich zu dem Symbol. Was löst es aus? Warum passt das Symbol (nicht)?

Tipp: Oberthür, Rainer: Die Symbol-Kartei. 88 Symbol- und Erzählbilder für Religionsunterricht und Gruppenarbeit, Kösel, München ^{8}2012.

Kompetenzen: Die Kinder können elementare religiöse Symbole entdecken. Sie können deren Bedeutung benennen, über ihre Vorstellungen ins Gespräch kommen und dabei religiöse Sprache einbeziehen.

•• Wortkarten-Story / Emojis / Band AT1: Symbolbilder

Gruppen-Mobile

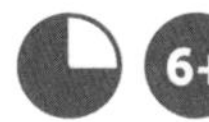   

Ein bewegliches Mobile aus Fäden, Stäben und angehängten Elementen gestalten.

Material: 2 Äste/Holzstäbe oder 1 Mobile-Stern pro Gruppe, Garn oder Nylonfaden, Bänder, Scheren, Klebstoff, Nähnadeln, Stifte, Material für Mobile-Elemente (z. B. farbiges Tonpapier, Filz, Stoff, Pompons, Perlen, Federn, Naturmaterialien, hier: Zeitschriften)

Beschreibung: Arbeitsschritte: **1.** Äste oder Holzstäbe über Kreuz legen und mit Garn oder Nylonfaden zusammenbinden. Auch ein verzweigter Ast kann als Aufhängung dienen. Mobile-Sterne aus dem Handel werden gesteckt und können mehrfach verwendet werden. **2.** Die Kinder gestalten in Gruppen einzelne Elemente für das Mobile. **3.** Fertige Elemente mit Nylonfaden oder Garn auffädeln. Bei flachen Materialien wie Papier und Stoff wird das Garn mithilfe einer Nähnadel, mit der ein Loch am oberen Rand des Elements gestochen wird, durchgefädelt und festgeknotet. Perlen oder Naturmaterialien werden mit Knoten oder Klebstoff jeweils an einem Garnfaden fixiert. **4.** Die „freien" Enden der Fäden in unterschiedlicher Länge an Äste, Holzstäbe oder Mobile-Stern binden. **5.** Für die Aufhängung des Mobiles ein hübsches Band verwenden.

Bibeltext: Menschen aus verschiedenen Völkern aus Zeitschriften ausschneiden und auf rote Kreise kleben. Mit einer Feuerflamme aus gelben Tonpapier verzieren und die Kreise aufhängen. Alternativ die Kinder frei gestalten lassen.

Kompetenzen: Die Kinder können ihre Ideen einbringen und mit anderen umsetzen. Sie können verschiedenes Material fantasievoll einsetzen und ihre Fingerfertigkeit und Feinmotorik schulen.

•• Fensterbild / Aktionskarten / Band AT2: Papier-Girlande

APOSTELGESCHICHTE 2,14-41

Die Pfingstpredigt des Apostels Petrus

14 Da stand Petrus auf und die elf anderen Apostel mit ihm, und er rief laut: „Ihr Juden aus aller Welt und alle Bewohner Jerusalems! Lasst euch erklären, was hier vorgeht; hört mich an! 15 Die Leute hier sind nicht betrunken, wie ihr meint; es ist ja erst neun Uhr früh. 16 Nein, hier geschieht, was Gott durch den Propheten Joël angekündigt hat: 17 ‚Wenn die letzte Zeit anbricht, sagt Gott, dann gieße ich über alle Menschen meinen Geist aus. Männer und Frauen in Israel werden dann zu Propheten. Junge Leute haben Visionen und die Alten prophetische Träume. [...] 21 Wer sich dann zum Herrn bekennt und seinen Namen anruft, wird gerettet.‘ 22 Ihr Männer von Israel, hört, was ich euch zu sagen habe! Jesus von Nazaret wurde von Gott bestätigt durch die machtvollen und staunenerregenden Wunder, die Gott durch ihn unter euch vollbracht hat; ihr wisst es selbst. 23 Den habt ihr durch Menschen, die das Gesetz Gottes nicht kennen, ans Kreuz schlagen und töten lassen. So hatte Gott es nach seinem Plan im Voraus bestimmt. 24 Und genau den hat Gott aus der Gewalt des Todes befreit und zum Leben erweckt; denn der Tod konnte ihn unmöglich gefangen halten. [...] 25 Schon David hat von ihm gesprochen und ihn sagen lassen: ‚Ich hatte den Herrn immer vor Augen. Er steht mir zur Seite, darum kann mich nichts erschüttern. 26 Das erfüllte mein Herz mit Freude und ließ mich jubelnd singen. Selbst im Grab ruht mein Leib voll Hoffnung. 27 Ich bin gewiss: Du, Herr, lässt mich nicht bei den Toten; du gibst deinen treuen Diener nicht der Verwesung preis. 28 Du hast mir den Weg zum Leben gezeigt; in deiner Nähe werde ich froh und glücklich sein.‘ 29 Liebe Brüder, ich darf ganz offen zu euch über unseren großen Vater David sprechen: Er starb und wurde begraben, und sein Grab ist noch heute bei uns zu sehen. 30 Aber er war ein Prophet, und Gott hatte ihm feierlich zugesagt, einer seiner Nachkommen werde auf Gottes Thron sitzen. 31 David sah also voraus, was Gott vorhatte, und seine Worte beziehen sich auf die Auferstehung des versprochenen Retters. Von diesem gilt, dass Gott ihn nicht bei den Toten ließ und sein Körper nicht der Verwesung anheimfiel. 32 Diesen Jesus also hat Gott vom Tod auferweckt; wir alle sind dafür Zeugen. 33 Er wurde zu dem Ehrenplatz an Gottes rechter Seite erhoben und erhielt von seinem Vater die versprochene Gabe, den Heiligen Geist, damit er ihn über uns ausgießt. Was ihr hier seht und hört, sind die Wirkungen dieses Geistes! [...] 36 Alle Menschen in Israel sollen also an dem, was sie hier sehen und hören, mit Gewissheit erkennen: Gott hat diesen Jesus, den ihr gekreuzigt habt, zum Herrn und Christus gemacht.“ 37 Dieses Wort traf die Zuhörer mitten ins Herz und sie fragten Petrus und die anderen Apostel: „Brüder, was sollen wir tun?“ 38 Petrus antwortete: „Kehrt jetzt um und lasst euch taufen auf Jesus Christus; lasst seinen Namen über euch ausrufen und bekennt euch zu ihm – jeder und jede im Volk! Dann wird Gott euch eure Schuld vergeben und euch seinen Heiligen Geist schenken. [...] 41 Viele nahmen seine Botschaft an und ließen sich taufen. Etwa dreitausend Menschen wurden an diesem Tag zur Gemeinde hinzugefügt.

Einführung

Petrus deutet das Geschehen als Erfüllung alttestamentlicher Verheißungen (Joel 3,1-5) und damit als ein Zeichen für die Jüdinnen und Juden, dass die letzte Zeit jetzt beginnt, in der der Geist ausgegossen und diejenigen gerettet werden, die an Gott glauben. Er betont: Jesus ist der „Herr“, von dem Joel spricht. Als weiteres alttestamentliches Zeugnis zitiert Petrus aus Psalm 16,8-11, den die Tradition David als Urheber zuschreibt. Da dieser jedoch gestorben ist, kann er nicht das Lyrische Ich des Psalms sein. Auf dieser Grundlage stellt Petrus die Verbindung zu Gottes Verheißung an David her (2. Sam 7,16) und sieht diese in Jesus, dem Nachkommen Davids, erfüllt. Mit seiner Auferstehung und Himmelfahrt hat er seine verheißene Herrschaft angetreten. Die Ausgießung des Geistes auf seine Jüngerinnen und Jünger ist sein Werk.

Taufe: in der Antike in der Regel durch Untertauchen in Wasser, entweder in einem Fluss oder in einem großen Becken, vollzogen.

Erzählscheibe

Mit einer drehbaren Kartonscheibe Geschichten erzählen oder selbst gestalten.

Material: Bastelvorlage (s. Downloads) und entsprechendes Material

Beschreibung: Im Vorfeld eine Scheibe gestalten oder je nach Art des Einsatzes Vorlagen und Gestaltungsmaterial für die Kinder bereithalten.
Es gibt verschiedene Möglichkeiten: **1.** Mit der Erzählscheibe eine Geschichte erzählen. Die Scheibe sollte ausreichend groß sein, damit die Kinder die Bilder gut sehen können. Während des Erzählens werden die Bildausschnitte passend gezeigt. Die Kinder durch Fragen einbeziehen. **2.** Die Kinder erzählen selbst mit einer Erzählscheibe. **3.** Die Kinder basteln Erzählscheiben zu (biblischen) Geschichten oder zu Themen wie „Schöpfung“ oder „Feste der Kirche“.

Bibeltext: Die Bilder im Download als Erzählscheibe gestalten. Das dritte Bild zeigt David und Gottes Versprechen an ihn (V. 26-31). Dieser Einschub ist nicht einfach zu verstehen. Ab Vers 29 die Scheibe darum etwas zurückdrehen, sodass die Textrolle (das Versprechen an David) und das leere Grab eingeblendet sind. So können die Kinder Petrus‘ Erklärung besser einordnen.

Kompetenzen: Die Kinder kennen die Funktion einer Erzählscheibe. Sie können mit ihrer Hilfe eine Geschichte hören, verstehen oder selbst erzählen.

•• Sketchboard / Bibel-Lern-Duett / Band AT1: Erzählung am Leuchttisch

Bibel-Live-Sendung

Einen Ausschnitt eines Bibeltextes oder eine Geschichte als Live-Auftritt spielen.

Material: Podest, Filmklappe, Bibeltext

Beschreibung: Im Vorfeld geeignete Szenen aus dem Text aussuchen.
Die Kinder haben bereits einen Bibeltext gehört oder gelesen. In der Mitte des Raumes wird ein Podest aufgebaut und dann geht es los. Eine Szene aus der Geschichte wird von der Moderation kurz umschrieben. Freiwillige besetzen die genannten Personen und stellen sich in der Mitte in Position. Die Moderation hebt die Filmklappe hoch, schlägt sie zu und der Live-Auftritt beginnt. Die Kinder spielen die Szene spontan. Bei einer Panne oder einem Versprecher wird nicht neu gedreht, da der Auftritt „live" gesendet wird. Das spontane Spiel braucht Mut. Alle Einsätze und Beiträge werden gewürdigt. Am Ende erfolgt eine Reflexion: Wie ging es den Kindern mit ihrer Rolle und der Umsetzung ohne besondere Absprachen? Welche Live-Auftritte passten sehr gut zum Text und warum? Welche waren schwierig umzusetzen?

Bibeltext: Mögliche Szenen: **1.** Pfingstereignis (V. 14-17). **2.** Rede des Paulus (drei freiwillige Vorleserinnen/Vorleser erhalten einen Text und tragen diesen vor, nachdem sie den Text einmal für sich gelesen und sich damit vertraut gemacht haben; mögliche Abschnitte: V. 25-28.29-33.36-38). **3.** 3.000 Menschen werden getauft (V. 41).

Kompetenzen: Die Kinder können Figuren einer Geschichte imitieren, ihren Körper und Bewegungen spontan einsetzen. Sie können mit anderen interagieren und ihren Auftritt gemeinsam reflektieren.

•• Geschichten-SMS / Themen-Plakat / Band NT1: Botschafter

Best-of

Eine Geschichte gemeinsam in den Alltag übersetzen, sich das Beste aus dem Text aussuchen und mitnehmen.

Material: Bibeltext, Zettel, Stifte

Beschreibung: Es gibt zwei Runden: **1.** Die Kinder notieren Einfälle und Gedanken, z. B. wann der Bibeltext im Alltag helfen kann, wo die Kinder sich im Bibeltext wiederfinden oder was aus dem Bibeltext umgesetzt werden kann. Jeder Einfall wird leserlich auf einen eigenen Zettel geschrieben und auf dem Boden ausgebreitet. **2.** Nun entscheidet die Gruppe gemeinsam, wie damit weitergearbeitet werden soll, damit jede/jeder etwas davon hat. Das kann eine Abstimmung sein, bei der jedes Kind zwei Punkte verteilt, die meistbewerteten Zettel vorgelesen und nochmals genauer miteinander bedacht werden. Oder es findet eine Einzelauswahl statt: Jedes Kind sucht sich einen Inhalt aus, den es mitnehmen will und schreibt diesen Zettel für sich nochmals ab. Die Zettel können auch verteilt werden und die Kinder treffen sich anschließend in Gruppen. Hier einigen sie sich auf die besten Gedanken. Diese werden in der Gesamtgruppe vorgelesen. Jedes Kind sucht sich den Gedanken aus, den es für gut, hilfreich oder wichtig erachtet.

Bibeltext: Der Text ist – vor allem für jüngere Kinder – nicht ganz einfach zu verstehen. Für die erste Runde die Möglichkeit geben, dass auch Vers-Teile, die Kinder für den Alltag wichtig und ermutigend finden, aufgeschrieben werden können.

Kompetenzen: Die Kinder können Bibeltexte in den Alltag übertragen und ihre Gedanken notieren. Sie können verschiedene Deutungen gewichten, ordnen, auswählen.

•• Zettelhalter / Stiller Spaziergang / Band AT2: Smartie-Runde

APOSTELGESCHICHTE 2,42-47

Das Leben der Gemeinde

42 Sie alle widmeten sich eifrig dem, was für sie als Gemeinde
wichtig war: Sie ließen sich von den Aposteln unterweisen,
sie hielten in gegenseitiger Liebe zusammen, sie feierten
das Mahl des Herrn, und sie beteten gemeinsam. 43 Alle Menschen in Jerusalem wurden von ehrfürchtiger Scheu ergriffen; denn Gott ließ durch die Apostel viele staunenerregende
Wunder geschehen. 44 Alle, die zum Glauben gekommen
waren, bildeten eine enge Gemeinschaft und taten ihren
ganzen Besitz zusammen. 45 Von Fall zu Fall verkauften sie
Grundstücke und Wertgegenstände und verteilten den Erlös
unter die Bedürftigen in der Gemeinde. 46 Tag für Tag versammelten sie sich einmütig im Tempel, und in ihren Häu-
sern hielten sie das Mahl des Herrn und aßen gemeinsam,
mit jubelnder Freude und reinem Herzen. 47 Sie priesen
Gott und wurden vom ganzen Volk geachtet. Der Herr
aber führte ihnen jeden Tag weitere Menschen zu, die gerettet werden sollten.

Einführung

Aus den Getauften bildet sich in Jerusalem die erste Gemeinde. Der Text erzählt vom Leben der frühen Christinnen und Christen. Vier Merkmale lassen sich hervorheben: die Unterweisung durch die Apostel, Gemeinschaft, die Feier des Herrenmahls und das Gebet. Ihre gegenseitige Liebe drückt sich in enger Gemeinschaft und Fürsorge aus. Täglich treffen sie sich. Sie pflegen eine Art Gütergemeinschaft, damit niemand Not leiden muss. Es geschehen Wunder durch die Apostel. Der Tempel bleibt für die wachsende Gemeinde Ort der Gottesbegegnung und des Gebets. Für das Mahl des Herrn ziehen sie sich in ihre Häuser zurück. Die Christinnen und Christen werden vom ganzen Volk geachtet.

Mahl des Herrn: Mahlfeier in Erinnerung an das Abschiedsmahl Jesu und seines engsten Jüngerkreises am Abend vor seiner Kreuzigung. In den frühen Gemeinden mit einer gemeinsamen Mahlzeit verbunden (1. Kor 11,20-21).

Gemeinschaft: griechisch „koinōnia“, bedeutet nicht nur ein inniges Beisammensein, sondern auch das Teilen des Eigentums, wie die Wendung „eichon hapanta koina“ zeigt. Diese zeitlich begrenzte Praxis hängt mit der Naherwartung der Wiederkunft Jesu zusammen, die persönlichen Besitz zweitrangig erscheinen ließ. Das Engagement für Benachteiligte und Notleidende bleibt jedoch bis heute ein Merkmal der christlichen Gemeinschaft.

Hausrats-Helfer

Mit Zubehör aus dem Haushalt eine (biblische) Geschichte hören oder spielen.

Material: 1 Hausratsgegenstand pro Figur des Bibeltextes (hier: Handfeger, Putzlappen, Streusalz, Toaster, Küchenrolle, Weinglas, Bürste, Schreibtischlampe, Schere, Rührgerät, Zahnbürste, Schöpfkelle), Filzstifte, Papier, Schere, Klebegummi oder Klebestreifen, evtl. 1 Tisch und 1 großes schwarzes Tuch

Beschreibung: Gegenstände aus Küche und Haus sind spannende Alternativen, wenn keine anderen Figuren zur Hand sind. Durch sie kann eine Geschichte neu und anders inszeniert werden. Bei Gegenständen wie Löffel, Schöpfer, WC-Bürste braucht es evtl. zusätzliche Behälter als „Steh-Hilfen“, da diese Gegenstände nicht frei stehen können. Auf ein Papier einfache Gesichter (ähnlich einem Smiley) zeichnen, ausschneiden und mit Klebegummi an dem Hausrats-Helfer befestigen.
Die Kinder sitzen in einem Halbkreis. Die Hausrats-Helfer während des Erzählens bewegen oder von den Kindern bewegen lassen. Das kann am Boden geschehen oder auf einem Tisch als Bühne, der mit einem schwarzen Tuch bedeckt ist. Beim Erzählen darauf achten, dass die Figuren miteinander agieren und sprechen.

Bibeltext: Für diesen Bibeltext den Hausrats-Helfern Namen oder Funktionen geben. Es ist wichtig, dass die Hausrats-Helfer nie allein dastehen. Alte und neuere Hausrats-Helfer können hier die Unterschiede von arm und reich zeigen, die aber dann durch das gemeinsame Agieren aufgelöst werden, weil beide ihre je eigenen Stärken einbringen können.

Variante: Die Kinder machen sich selbst auf die Suche nach geeigneten Hausrats-Helfern und entwickeln die Darstellung einer Geschichte.

Kompetenzen: Die Kinder können einer Geschichte folgen und ihre Aufmerksamkeit auf die Figuren richten. Sie können selbst Hausrats-Helfer einsetzen und mit anderen agieren.

•• Textpuzzle / Erzählscheibe / Band AT1: Erzählung mit Flaschen

Lapbook

Klappbuch zur kreativen Präsentation eines Themas.

Material: Vorlagen für Elemente zur Innengestaltung; farbiges Papier (Tonkarton, Tonpapier, Kopierpapier), Scheren, Stifte, Klebstoff/Klebestreifen, Schnüre/Klettbänder, evtl. Locher/Lochzange, Musterklammern

Beschreibung: Kreative Einzelarbeit zu Themenreihen (z. B. Ostern, Kirche, Paulus) oder als Gruppenarbeit, bei der jede Gruppe eine Seite gestaltet.
Arbeitsschritte: **1.** Lapbook als Präsentationsform vorstellen. **2.** Die Kinder überlegen, wie sie ihre Seite / ihr Lapbook gestalten wollen und stellen ihre Inhalte als eine Mischung aus Aufgaben, Bildern und Wissensvermittlung zusammen. **3.** Für die Innengestaltung werden Vorlagen und Material bereitgestellt für Taschen, Umschläge, Ziehharmonika-Texte, Fächer, Klappkarten, Drehscheiben, Sprechblasen. **4.** Arrangieren und Befestigen: Elemente auf die Grundfläche kleben, stecken oder heften. Grundfläche: DIN-A3-Tonkarton, der auf DIN A4 gefaltet wird. Oder ein DIN-A3-Karton mit zwei Seitenflügeln, die sich wie ein Tor schließen lassen.

Bibeltext: In einem aufklappbaren Haus/Tempel kann das Leben der frühen Gemeinde gezeigt werden. Die Methode am besten im Rahmen einer Themenreihe durchführen.

Kompetenzen: Die Kinder setzen sich mit Inhalten auseinander, erarbeiten, festigen und arrangieren diese. Sie können Wissen kreativ gestalten und präsentieren.

•• Bruchstück-Bilder / Fantasiefigur / Band NT1: Würfelgestaltung

Visitenkarten

Sich mit einer Namenskarte ausweisen und Daten zur eigenen Person präsentieren.

Material: Bastelvorlage (s. Downloads) und entsprechendes Material; Stifte

Beschreibung: Die Kinder suchen sich eine Visitenkarte aus und tragen ihren Namen und ihren Wohnort (statt der Adresse) ein. Das freie Feld bietet die Möglichkeit für einen weiteren Eintrag, z. B. Klassenstufe, Gruppenzugehörigkeit, Hobbys.
Einsatzmöglichkeiten: **1.** Die Kinder stellen sich mit der Visitenkarte anderen vor. **2.** Sie äußern sich mit der Visitenkarte zu einem Thema oder zeigen durch Auslegen oder Anheften an, bei welcher Aktivität sie partizipieren möchten. **3.** Sie kennzeichnen eigene Gegenstände und Bastelarbeiten oder nutzen Visitenkarten als Geschenkanhänger. **4.** Sie nutzen die Rückseite der Karten für Fragen und werfen diese z. B. in eine „Fragebox“ (Band AT1) oder einen „Briefkasten“ (Band AT2).

Bibeltext: Die Kinder schreiben auf die Visitenkarte, was sie gern machen oder gut können. Dann stellen sie sich den anderen vor und nennen ihre Fähigkeiten. Gemeinsam wird überlegt, welche Einsatzmöglichkeiten es im Kindergottesdienst, in der Familie oder Klasse gibt, die zu ihnen passen.

Kompetenzen: Die Kinder kennen Visitenkarten als Mittel der Kontaktaufnahme. Sie können diese nutzen und sich damit einbringen.

•• Best-of / Audio-Collage / Band NT1: Namens-Schilder

APOSTELGESCHICHTE 3,1-10

Ein Gelähmter wird geheilt

1 Einmal gingen Petrus und Johannes in den Tempel. Es war drei Uhr, die Zeit für das Nachmittagsgebet. 2 Am Schönen Tor des Tempelvorhofs saß ein Mann, der von Geburt an gelähmt war. Jeden Tag ließ er sich dorthin tragen und bettelte die Leute an, die in den Tempel gingen. 3 Als er Petrus und Johannes sah, wie sie gerade durch das Tor gehen wollten, bat er sie um eine Gabe. 4 Die beiden blickten ihn fest an und Petrus sagte: „Sieh uns an!“ 5 Der Gelähmte tat es und erwartete, dass sie ihm etwas geben würden. 6 Aber Petrus sagte: „Gold und Silber habe ich nicht; doch was ich habe, will ich dir geben. Im Namen von Jesus Christus aus Nazaret: Steh auf und geh umher!“ 7 Und er fasste den Gelähmten bei der rechten Hand und half ihm auf. Im gleichen Augenblick erstarkten seine Füße und Knöchel; 8 mit einem Sprung war er auf den Beinen und ging umher. Er folgte Petrus und Johannes in den Vorhof des Tempels, lief umher, sprang vor Freude und dankte Gott mit lauter Stimme. 9 Das ganze Volk dort sah, wie er umherging und Gott dankte. 10 Sie erkannten in ihm den Bettler, der sonst immer am Schönen Tor gesessen hatte. Und sie staunten und waren ganz außer sich über das, was mit ihm geschehen war.

Einführung

Als Petrus und Johannes in den Tempel gehen, treffen sie am Schönen Tor auf einen Gelähmten. Er kann nicht arbeiten und weil es keine soziale Unterstützung gibt, sitzt er vor dem Tempel und bittet um eine Gabe. Er steht nicht nur sozial am Rand, sondern gilt wegen seiner Behinderung auch als kultisch unrein und ist daher vom Zugang zum Tempel ausgeschlossen. Petrus bietet ihm an, was er hat – den Glauben an Jesus Christus. Und der Gelähmte erfährt Heilung. Er steht sofort auf, springt vor Freude umher und läuft in den Vorhof des Tempels. Das Volk staunt und ist außer sich über das, was vor ihren Augen geschieht. Später nutzt Petrus dieses Wunder, um den Anwesenden Jesus als „Christus“ zu verkündigen und setzt sich mit dem Jüdischen Rat auseinander.

Schönes Tor: einer der Eingänge zum Vorhof des Tempels. Vermutlich das östliche Tor, das in den Vorhof der Frauen führt.

„Im Namen von Jesus Christus“: bedeutet hier, dass die Heilung stellvertretend in der Kraft Jesu geschieht.

Gliederfiguren

Mit Figuren aus Pappe mit beweglichen Gliedmaßen eine Geschichte spielen.

Material: Bastelvorlage (s. Downloads) und entsprechendes Material; evtl. Papier, Stifte, passende Requisiten (hier: Bodentuch, Karton als Tempel, 3 Gliederfiguren)

Beschreibung: Gliederfiguren können kombiniert werden mit verschiedenen Requisiten. Sie sind beweglich und können verschiedene Haltungen einnehmen. Spielmöglichkeiten: **1.** Kulisse im Vorfeld aufbauen. Die Erzählerin / der Erzähler sitzt dahinter und bewegt die Figuren passend zur Geschichte. **2.** Die Figuren auf dem Boden auf einem Tuch anordnen und damit spielen. Die Kinder sitzen in einem Halbkreis davor. **3.** Die Kinder basteln selbst Gliederfiguren oder nehmen bereits vorhandene Figuren und spielen eine Geschichte. **4.** Mit den Gliederfiguren werden nach der Begegnung mit einer Geschichte einzelne Personen herausgegriffen und deren Stimmung ausgedrückt. **5.** Abpaushilfe für eigene Bildwerke: Die Kinder bringen dazu die Figuren auf einem Papier in Position, fahren sie mit einem Stift auf Papier nach und gestalten das Bild fertig.

Bibeltext: Nah am Bibeltext erzählen und die Figuren vor einer Kulisse bewegen. Zeit lassen für die Bewegungen, vor allem die des Gelähmten.

Kompetenzen: Die Kinder können Körperhaltungen und die damit ausgedrückten Stimmungen der Figuren wahrnehmen. Sie können mit den Figuren selbst agieren und sie in Position bringen.

•• Erzählfiguren / Lege-Strichfiguren / Band NT1: Zeitungsknicke

Lebendige Marionetten

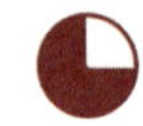

Sich gegenseitig als Marionette zum Leben erwecken.

Material: evtl. Trittschemel oder Stühle

Beschreibung: Die Kinder gehen zu zweit zusammen. Bei einer Gruppe mit einer großen Altersspanne können ein paar Trittschemel oder Stühle bereitstehen, um Größenunterschiede auszugleichen. Ein Kind übernimmt die Rolle der Marionette, das andere ist Puppenspieler. Nach dem ersten Durchgang werden die Rollen getauscht.
Das Kind, das die Marionette spielt, legt sich auf den Boden. Der Puppenspieler zieht über dem Kind an imaginären Fäden und erweckt die Marionette so zum Leben. Zieht das Kind beispielsweise an einem „Faden“ über dem Arm, hebt die Marionette den Arm, zieht es über dem Körper, setzt sich die Marionette auf. Auf diese Weise kann die Marionette sitzen, stehen und sogar zum Gehen gebracht werden. Nach dem Rollentausch können Personen einer (biblischen) Geschichte nachgestellt werden. Diese können als lebendige Marionetten einen Dialog führen.

Bibeltext: Mögliche Szenen: Der Gelähmte wartet auf Geld. Der Gelähmte wird geheilt und kommt auf die Füße. Mehrere Marionetten laufen als der Gelähmte, Petrus, Johannes und Menschen aus dem Volk durch den Raum. Frage: Wieso tun hier zwei normale Menschen solche Wunder, wie Jesus sie tat?

Kompetenzen: Die Kinder können eine Rolle einnehmen und sich und ihr Gegenüber wahrnehmen. Sie können auf Anweisungen reagieren, aufeinander eingehen und miteinander spielen.

•• Tagebucheintrag / Bibel-Schriftsteller / Band NT1: Pantomime

Bildkarten-Impulse

Aus einer Auswahl ein Bild assoziativ aussuchen und der Gruppe vorstellen.

Material: mindestens 1 Bild pro Kind (Fotos aus Kalendern, Memory-Karten, Fotokarten aus dem Handel), evtl. 1 Tisch

Beschreibung: Die Bilder werden auf dem Fußboden verteilt oder auf einem Tisch ausgelegt. Die Moderation stellt eine Frage oder gibt einen Impuls. Die Kinder suchen sich das Motiv aus, mit dem sie am meisten assoziieren. Dabei gibt es kein Richtig oder Falsch. Möglichkeiten: **1.** Jedes Kind entscheidet sich für ein Bild und stellt sich damit vor: Hobbys, Lieblingsessen, ein besonderer Ort. **2.** Die Kinder wählen eine Karte danach aus, wie es ihnen gerade geht. **3.** Die Kinder erhalten eine Fragestellung und suchen dazu eine Karte aus. **4.** Die Kinder wählen eine Karte und erzählen spontan eine Mini-Geschichte (Erlebnis oder erfundene Geschichte). **5.** Mit der Methode eine Gruppenstunde, Aktivität oder eine Erfahrung auswerten.

Bibeltext: mögliche Aufgaben: Suche ein Bild aus, das zur Geschichte passt. Suche ein Bild, das zu dem Gelähmten passt. Zeige mit einem Bild, wie es den Leuten geht, die Zeuginnen/Zeugen der Heilung werden. Zeige mit einem Bild, wie es dir jetzt geht.

Kompetenzen: Die Kinder können zu einem Impuls Bilder assoziieren und aussuchen. Sie können sich beteiligen, ihre Wahl begründen und von anderen hören.

•• Rangfolge / Blinzelrunde / Band AT1: Walk & Talk

APOSTELGESCHICHTE 8,26-40

Philippus und der Eunuch aus Äthiopien

26 Der Engel des Herrn aber sagte zu Philippus: „Mach dich auf den Weg und geh nach Süden, zu der Straße, die von Jerusalem nach Gaza hinabführt!“ Diese Straße wird kaum von jemand benutzt. 27 Philippus machte sich auf den Weg und ging dorthin. Da kam in seinem Reisewagen ein Äthiopier gefahren. Es war ein hochgestellter Mann, der Finanzverwalter der äthiopischen Königin, die den Titel Kandake führt, ein Eunuch. Er war in Jerusalem gewesen, um den Gott Israels anzubeten. 28 Jetzt befand er sich auf der Rückreise. Er saß in seinem Wagen und las im Buch des Propheten Jesaja. 29 Der Geist Gottes sagte zu Philippus: „Lauf hin und folge diesem Wagen!“ 30 Philippus lief hin und hörte, wie der Mann laut aus dem Buch des Propheten Jesaja las. Er fragte ihn: „Verstehst du denn, was du da liest?“ 31 Der Äthiopier sagte: „Wie kann ich es verstehen, wenn mir niemand hilft!“ Und er forderte Philippus auf, zu ihm in den Wagen zu steigen. 32 Die Stelle, die er gerade gelesen hatte, lautete: „Wie ein Lamm, wenn es zum Schlachten geführt wird, wie ein Schaf, wenn es geschoren wird, so duldete er alles schweigend, ohne zu klagen. 33 Er wurde aufs Tiefste erniedrigt; aber mitten in seiner Erniedrigung wurde das Urteil gegen ihn aufgehoben. Wer wird je seine Nachkommen zählen können? Denn von der Erde weg wurde sein Leben emporgehoben.“ 34 Der Mann aus Äthiopien fragte: „Bitte, sag mir doch: Um wen geht es hier eigentlich? Meint der Prophet sich selbst oder einen anderen?“ 35 Da ergriff Philippus die Gelegenheit und verkündete ihm, von dem Prophetenwort ausgehend, die Gute Nachricht von Jesus. 36 Unterwegs kamen sie an einer Wasserstelle vorbei, und der Äthiopier sagte: „Hier gibt es Wasser! Spricht etwas dagegen, dass ich getauft werde?“ 38 Er ließ den Wagen anhalten. Die beiden stiegen ins Wasser hinab, Philippus und der Äthiopier, und Philippus taufte ihn. 39 Als sie aus dem Wasser herausstiegen, wurde Philippus vom Geist des Herrn gepackt und weggeführt, und der Äthiopier sah ihn nicht mehr. Von Freude erfüllt setzte er seine Reise fort. 40 Philippus tauchte danach in Aschdod auf. Von dort zog er nach Cäsarea und verkündete unterwegs in allen Städten, durch die er kam, die Gute Nachricht.

Einführung

Philippus trifft auf den Finanzverwalter der äthiopischen Königin und unterweist ihn im Glauben. Die Textstelle, die der Verwalter liest, kündigt ursprünglich den „Gottesknecht“ als Retter des Volkes Israel an (Jes 52,13 – 53,12). Philippus deutet die Prophezeiung auf Jesus hin: Der von Menschen erniedrigte „Knecht“ Jesus wird von Gott bestätigt, in den Himmel aufgenommen und wird unzählige Nachkommen haben. Der Äthiopier glaubt den Worten des Philippus und möchte auch zu den „Nachkommen“ Jesu gehören. Als Eunuch kann er nicht in die jüdische Gemeinde aufgenommen werden (5. Mose 23,2). Doch hier greift Gottes Geist voraus: Noch bevor das Apostelkonzil sich mit Fragen der bekehrten Nichtjüdinnen und Nichtjuden beschäftigt, empfängt der Finanzverwalter die Taufe.

Philippus: bedeutet „der Pferdefreund“, Diakon der Jerusalemer Gemeinde. Verkündigt Jesus in Samaria, tauft den Finanzverwalter und wird später in Cäsarea von Paulus besucht (Apg 21,8).

Gute Nachricht: griechisch „eu-angelion“, die „gute Botschaft“. Gemeint ist hier die Botschaft, die Jesus Christus den Menschen verkündet. Steht auch für Jesu Tod am Kreuz und seine Auferstehung, durch die Jesus den Menschen Rettung und Versöhnung mit Gott gebracht hat.

Bibliolog

Bibeltexte durch Identifikation mit den Figuren dialogisch betrachten.

Material: Stühle, Bibel

Beschreibung: Durch das Einnehmen verschiedener Rollen und das Äußern eigener Gedanken und Deutungen füllen sich „Leerstellen" in Bibeltexten und ermöglichen dadurch eine neue Begegnung und Auseinandersetzung mit dem eigentlichen Bibeltext. Die Leitung choreografiert dazu im Vorfeld den Bibeltext. Sie teilt ihn in Abschnitte und legt die Rollen, die eingenommen werden sollen, und die dazu benötigten Fragestellungen fest.
Ein Stuhlkreis wird locker aufgestellt. Die Leitung führt in den Bibeltext ein und liest einen Abschnitt vor. Durch eine Frage fordert sie die Kinder auf, die Rolle einer bestimmten biblischen Figur einzunehmen. Will ein Kind sich einbringen, hebt es die Hand und antwortet in der „Ich-Form" als diese Figur. Die Leitung tritt neben das Kind und hört gut zu. Dabei kommen zwei Techniken zum Einsatz. Mit dem „Echoing" gibt die Leitung das Gehörte in eigenen Worten wieder, ohne es zu „verbessern" oder zu ergänzen. Das „Interviewing" dient der Nachfrage, sollte die Antwort sehr kurz oder nur angedeutet sein. Auch hier bleibt die Leitung ganz bei der Aussage des Kindes, ohne etwas Neues anstoßen zu wollen, das vielleicht bisher unbeachtet blieb. Nach einigen Wortmeldungen führt die Leitung zurück zum Bibeltext und eine nächste Figur wird dialogisch betrachtet. Der Bibliolog schließt mit dem bewussten Hinausführen der Kinder aus der Methode.

Bibeltext: Mögliche Rollen: Ihr seid jetzt Philippus. Du sollst zu einer einsamen Straße gehen. Wie fühlst du dich dabei? Ihr seid jetzt der Finanzverwalter der äthiopischen Königin. Wie ist das für dich, diese Schriftrolle zu lesen und sie nicht zu verstehen? Ihr seid Philippus. Ein stattlicher Wagen hält an und ein fremd aussehender Mann bittet dich, ihm beim Lesen des Propheten Jesaja zu helfen. Welche Gedanken gehen dir durch den Kopf? Ihr seid der Äthiopier. Warum möchtest du dich taufen lassen?

Hinweis: Die Methode erfordert ein hohes Maß an Empathie und Wertschätzung gegenüber den Aussagen der Kinder sowie an eigener Zurückhaltung und Übung. Zum Arbeiten mit der Methode werden Grundkurse angeboten (www.bibliolog.org).

Kompetenzen: Die Kinder können eine Figur wahrnehmen und sich mit ihr identifizieren. Sie können sich in verschiedenen Rollen erleben, ihre Gedanken einbringen und die anderer hören.

•• Erzählteppich / Erzählung als Hauptfigur / Band NT1: Bewegte Bibeltexte

Bibel-Schriftsteller

Kreatives Schreiben einer erweiterten Handlung zu einem Bibeltext.

Material: Bibel, Papier, Stifte

Beschreibung: Die Kinder haben im Vorfeld eine Geschichte gehört oder gelesen. Zu Beginn kann in der Gruppe nochmals die Handlung zusammengefasst werden. Eine Impulsfrage der Moderation leitet zum Schreiben über. Die Kinder entwickeln zu zweit Ideen zu einer Weiterführung der Geschichte. Diese soll so glaubwürdig sein, als könnte sie vom Autor selbst erzählt worden sein. Die Kinder bleiben dabei in der Erzählform und Sprache des Textes und führen diese weiter. Sind die Kinder fertig, stellen einige freiwillige Paare ihren Fortgang der Ereignisse vor.

Bibeltext: Den Kindern die Wahl lassen, ob sie die Reise des Äthiopiers weiterschreiben oder erzählen möchten, was Philippus auf dem Weg nach Cäsarea als Nächstes erlebt.

Kompetenzen: Die Kinder können eine Geschichte weiterdenken und Vermutungen zur weiteren Handlung anstellen. Sie können ihre Ideen in eine Abfolge bringen und die Handlung aufschreiben.

•• Emojis / Hörspiel / Band NT1: Sprechendes Tischtuch

Bibel-Ecken

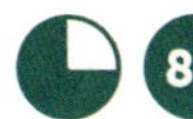   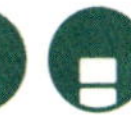

Eine Steckhilfe basteln, um eine Seite in der Bibel oder einem Buch zu markieren oder um sich an einen Bibelvers zu erinnern.

Material: Bastelvorlage (s. Downloads) und entsprechendes Material; Scheren, Klebstoff, Stifte, Dekorationsmaterial (z. B. Wackelaugen, Masking Tapes, Bänder, Glitzerkleber)

Beschreibung: Die Kinder falten die Bibel-Ecken nach Anleitung. Sind die Ecken fertig, können sie fantasievoll verziert werden. So entstehen Muster, Herzen, Figuren und lustige Tiere. Bibel-Ecken können die Stelle in der Bibel oder Kinderbibel markieren, an der das Kind weiterlesen will. Oder sie markieren wichtige Bibelstellen. Dazu auf der Ecke die Bibelstelle notieren.

Bibeltext: Eine Bibel-Ecke gestalten und damit Apostelgeschichte 8 markieren. Vielleicht möchten die Kinder später einer anderen Person erklären, wie sie diese Geschichte verstehen oder was sie aus dieser Geschichte mitnehmen.

Kompetenzen: Die Kinder kennen die Funktion einer Bibel-Ecke in einem Buch. Sie können eigene Ecken gestalten und verwenden.

•• Zettelhalter / Geschichtentüte / Band AT2: Lesezeichen

APOSTELGESCHICHTE 9,1-19A

Die Bekehrung von Saulus

1 Saulus verfolgte die Jünger und Jüngerinnen des Herrn wei-
terhin voller Wut und mit schweren Drohungen. Er ging zum
Obersten Priester 2 und ließ sich Briefe an die jüdischen Gemeinden in Damaskus geben. Darin wurde ihm die Vollmacht erteilt, auch dort nach Anhängern der neuen Lehre
zu suchen und sie gegebenenfalls – Männer wie Frauen –
festzunehmen und nach Jerusalem zu schaffen. 3 Auf dem
Weg nach Damaskus, kurz vor der Stadt, umstrahlte ihn
plötzlich ein Licht vom Himmel. 4 Er stürzte zu Boden und
hörte eine Stimme: „Saul, Saul, warum verfolgst du
mich?“ 5 „Wer bist du, Herr?“, fragte Saulus. Die Stimme
sagte: „Ich bin Jesus, den du verfolgst! 6 Aber steh auf und
geh in die Stadt! Dort wirst du erfahren, was du tun
sollst.“ 7 Den Männern, die Saulus begleiteten, verschlug
es die Sprache. Sie hörten zwar die Stimme, aber sie sahen
niemand. 8 Saulus stand von der Erde auf und öffnete die Augen – aber er konnte nichts mehr sehen. Da nahmen sie ihn
an der Hand und führten ihn nach Damaskus. 9 Drei Tage
lang war er blind und aß nichts und trank nichts. 10 In Damaskus lebte ein Jünger namens Hananias. Dem erschien
der Herr und sagte: „Hananias!“ „Ja, Herr“, antwortete
er. 11 Der Herr sagte: „Steh auf, geh in die Gerade Straße
in das Haus von Judas und frag nach Saulus aus Tarsus. Er
ist dort und betet. 12 In einer Vision hat er gesehen, wie
ein Mann namens Hananias zu ihm kommt und ihm die Hände auflegt, damit er wieder sehen kann.“ 13 Hananias antwortete: „Herr, ich habe von vielen Seiten gehört, wie viel
Böses dieser Mann in Jerusalem deiner Gemeinde angetan
hat. 14 Und jetzt ist er hier und hat von den führenden Priestern die Vollmacht, alle zu verhaften, die sich zu deinem Namen bekennen.“ 15 Aber der Herr sagte: „Geh nur hin! Gerade ihn habe ich als mein Werkzeug ausgesucht. Er wird
meinen Namen den nicht jüdischen Völkern und ihren Herr-
schern bekannt machen und auch dem Volk Israel. 16 Und ich
will ihm zeigen, wie viel nun er für das Bekenntnis zu meinem Namen leiden muss.“ 17 Da ging Hananias in jenes
Haus. Er legte Saulus die Hände auf und sagte: „Bruder
Saul, der Herr hat mich geschickt – Jesus, der dir unterwegs
erschienen ist. Du sollst wieder sehen können und mit dem
Heiligen Geist erfüllt werden.“ 18 Im selben Augenblick fiel es
Saulus wie Schuppen von den Augen und er konnte wieder
sehen. Er stand auf und ließ sich taufen. 19a Dann aß er etwas
und kam wieder zu Kräften.

Einführung

Die christliche Gemeinde wird, unter anderem von Saulus, verfolgt. Er sieht die neue Lehre als unvereinbar mit dem jüdischen Glauben an. Saulus durchsucht die Häuser und lässt Christinnen und Christen gefangen nehmen (Apg 8,1-3). Auf dem Weg nach Damaskus begegnet er Jesus, dessen Worte „Warum verfolgst du mich?“ zeigen: Wer die Gemeinde verfolgt, verfolgt auch ihn. Durch das helle Licht erblindet Saulus für drei Tage. Hananias bekommt den Auftrag Saulus aufzusuchen, denn Saulus soll Jesus unter den Nichtjuden und Juden bezeugen. Als Hananias ihm die Hände auflegt, kann Saulus wieder sehen. Er empfängt den Heiligen Geist und lässt sich taufen.

Damaskus: liegt im Süden Syriens, ca. 150 Kilometer nördlich des See Genesaret.

Saulus/Paulus: Jude aus dem Stamm Benjamin, stammt aus Tarsus in Zilizien und hat als Schriftgelehrter bei Gamaliel in Jerusalem gelernt. Bedeutender Apostel, setzte sich besonders für die Mission von Nichtjüdinnen und Nichtjuden ein.

Bildunterbrechung

Eine Bilderfolge gemeinsam betrachten, dabei ein fehlendes Bild beschreiben und deuten.

Material: Bildmaterial zur Geschichte, weißes Blatt Papier, evtl. Klebeband

Beschreibung: Zwei oder drei Bilder zu einer Geschichte auslegen oder auf Augenhöhe der Kinder aufhängen. Eine Bildszene durch ein weißes Blatt Papier ersetzen.
Die Kinder betrachten die Bilder zunächst still für sich. Die Erzählerin / der Erzähler kann Impulse geben: Was können die Kinder alles auf den Bildern entdecken? Was tun die abgebildeten Menschen? – Danach beschreiben die Kinder die Bilder: Was haben sie entdeckt? Wer ist abgebildet und wie sieht die Person aus? Gibt es Tiere oder spezielle Gegenstände auf den Bildern? Dann wenden sich alle dem leeren Blatt zu: Was könnte zwischen den Bildern passiert sein? Was wäre auf dem Bild wohl zu sehen? Anschließend die Bilderfolge deuten: Wer sind die Personen? Was machen sie? Worüber erzählen die Bilder?

Bibeltext: Es eignen sich Bilder aus Nommensen, Klaus-Uwe: Paulus wird Apostel. Kamishibai Bildkartenset, Don Bosco, München 2018.

Hinweis: Vielleicht kamen den Kindern Ideen zu den Bildern, die nicht zur eigentlichen Geschichte passen. Der Übergang dazu, dass sich die Gruppe mit den Texten auseinandersetzt, sollte daher so formuliert werden, dass die Beiträge der Kinder nicht im Nachhinein als falsch gewertet werden, z. B. „Ihr habt gute und spannende Gedanken zu den Bildern eingebracht. Die Künstlerin / der Künstler hat die Bilder zu einer bestimmten Geschichte der Bibel gemalt, die wir jetzt gemeinsam entdecken wollen."

Kompetenzen: Die Kinder können Bilder wahrnehmen und beschreiben. Sie können fehlende Inhalte ergänzen und eine Bilderfolge dem Inhalt nach deuten.

•• Gliederfiguren / Ja-Nein-Rätsel / Band AT1: Lückentext

Lernschachtel

Aus mehreren Möglichkeiten eine Beschäftigung aussuchen und sich selbstständig mit einem Bibeltext auseinandersetzen.

Material: Schachtel, Bild-, Lese- und Kreativ-Materialien, evtl. Tische und Stühle

Beschreibung: Eine Geschichte wird so aufbereitet, dass sie auf unterschiedliche Weise entdeckt, gelesen, erlebt und gestaltet werden kann. Dazu eignen sich Bildmaterialien, Figuren und Bauklötze zum Aufbauen und Nachspielen der Geschichte, Hörspiele, Kinderbibeln, Bibellexika, Kreativmaterial zum Malen und Gestalten der Geschichte.
Die Kinder sitzen im Kreis oder um einen Tisch herum. Die Lernschachtel wird vorgestellt und gemeinsam mit den Kindern ausgepackt. Die Kinder wählen sich reihum eine Beschäftigung. Je nach Gruppengröße das Material mehrfach kopieren. Nach der Hälfte der Zeit kann getauscht werden.

Bibeltext: Neben den kreativen und spielerischen Materialien eignet sich z. B. das Hörspiel Herzler, Hanno: Paulus. Die Umkehr, Gerth Medien, Asslar 1999. Auch Bücher wie Nommensen, Klaus-Uwe: Paulus wird Apostel. Mini-Bilderbuch, Don Bosco, München 2018; Mein Bibellexikon, hrsg. v. Michael Jahnke, SCM R. Brockhaus, Witten, in Kooperation mit Deutsche Bibelgesellschaft, Stuttgart, und Bibellesebund Deutschland, Marienheide 2021; Ruegenberg, Lukas / Müntnich, Benedikt: Wie der Apostel Paulus um die Welt reiste. ... und was er dabei erlebte, Butzon & Bercker, Kevelaer 2016.

Kompetenzen: Die Kinder können sich eine Geschichte selbstständig erschließen. Sie können aus unterschiedlichen Medien und Aufgabenstellungen eine für sie passende auswählen und ihren Lernweg selbst bestimmen.

•• Schlagzeile / Emoji-Geschichte / Band AT1: Charakterköpfe

Zettelhalter

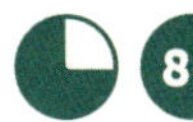

Mithilfe eines Zettelhalters Gedanken, Merkverse, kleine Bilder oder Fotos sammeln und in Erinnerung behalten.

Material: Bastelvorlage (s. Downloads) und entsprechendes Material; Zettel, Stifte

Beschreibung: **1.** Material und Funktion eines Zettelhalters vorstellen. Details zur Herstellung finden sich im Download zu dieser Methode. **2.** Die Kinder überlegen, wie ihr Zettelhalter aussehen soll. **3.** Sie gestalten den Standfuß. **4.** Danach wird der Draht oder die Klammer im Standfuß befestigt. **5.** Den Standfuß nach Belieben anmalen (je nach Material ist das erst in der nächsten Stunde möglich). – Ist der Zettelhalter fertig, können die Kinder einen Gedanken aus der Geschichte aufschreiben und daran befestigen. Kinder im Erstlesealter können etwas malen oder Text und Bild kombinieren.

Bibeltext: Eine abschließende Frage könnte sein: Verändert Gott Menschen heute noch so stark? Wann ist es euch schon einmal „wie Schuppen von den Augen" gefallen?

Kompetenzen: Die Kinder können sich eine Merk- und Erinnerungshilfe gestalten. Sie können etwas für sie Wichtiges aufschreiben und anklemmen.

•• Lebenswelt-Box / Zeitzeugen / Band AT1: Memo

APOSTELGESCHICHTE 12,25 – 13,3

Barnabas und Saulus ausgesandt

25 Nachdem Barnabas und Saulus die Geldspende in Jerusalem übergeben hatten, kehrten sie nach Antiochia zurück.
Sie brachten Johannes mit dem Beinamen Markus aus Jerusalem mit. **13** 1 In der Gemeinde von Antiochia gab es
eine Reihe von Propheten und Lehrern; es waren Barnabas,
Simeon, genannt „der Schwarze“, Luzius von Kyrene, Manaën, der zusammen mit dem Fürsten Herodes erzogen worden war, und Saulus. 2 Als sie einmal für einige Zeit fasteten
und sich ganz dem Gebet widmeten, sagte ihnen der Heilige
Geist: „Gebt mir Barnabas und Saulus für die besondere Aufgabe frei, zu der ich sie berufen habe!“ 3 Nach einer weiteren
Zeit des Fastens und Betens legten sie den beiden die Hände
auf und ließen sie ziehen.

Einführung

Die Botschaft Gottes breitet sich trotz der Verfolgung aus. In Antiochia wird die Gemeinde von einem Kreis von Propheten und Lehrern geleitet. Es sind der Jude Barnabas aus Zypern, der Afrikaner Simeon, Luzius aus der Stadt Kyrene, der Jude Manaën, der am Hof der Herodes-Dynastie wohl mit Herodes Antipas zusammen aufgewachsen ist, und Saulus. Als sie gemeinsam fasten und beten, spricht der Heilige Geist, vermutlich durch einen der Propheten. Barnabas und Saulus sollen für ihre Aufgabe freigestellt werden. Mit Handauflegung werden sie für diesen Dienst beauftragt, gesegnet und ausgesandt.

Barnabas: bedeutet „Sohn des Trostes“, Levit aus Zypern und Leiter der Gemeinde in Antiochia. Er begleitet Paulus auf der ersten Missionsreise.

Antiochia in Syrien: damals Hauptstadt der römischen Provinz Syrien, zu der auch die ehemaligen Königtümer Israel und Juda gehörten. Liegt am nordöstlichen Zipfel des Mittelmeers am Fluss Orontes. Viele Christinnen und Christen fliehen vor der Verfolgung hierher. Antiochia wird Ausgangspunkt der frühen christlichen Mission.

Erzählung als Hauptfigur

Eine Geschichte aus der Sicht einer (biblischen) Hauptfigur erzählen.

Material: kein Material

Beschreibung: Für die Vorbereitung können folgende Fragen eine Hilfe sein: Wer ist die Hauptfigur? Gibt es eine oder sind es mehrere? Wie unterscheidet sich die Hauptfigur von anderen Personen der Geschichte? Wer ist sie (Stand, Beruf, Herkunft)? Welche Eigenschaften zeichnen sie aus? Was sind ihre Schwächen? Gibt es eine Gegenspielerin / einen Gegenspieler, eine Person mit anderen Zielen? Sobald die Hauptcharaktere geklärt sind, die Geschichte in kleine Szenen aufteilen. Für jede Szene definieren, wie sich die Hauptfigur (oder die Hauptfiguren) darin bewegt. Was sieht, hört und erlebt die Hauptfigur? Was sagt und tut sie, welche Orte besucht sie?
Die Kinder sitzen im Halbkreis. Die Geschichte wird in der dritten Person aus der Sicht der Hauptfigur erzählt. Hauptfiguren kennen nur ihre Sicht, ähnlich wie die handelnden Figuren in der „Personalen Erzählung (Band AT2)" und der „Erzählung als Nebenfigur (Band AT2)". Sie wissen nicht, was eine andere Person denkt. Sie können Orte, Räume und Gegenstände erst wahrnehmen, wenn sie sich darin befinden.

Bibeltext: Aus der Sicht des Barnabas oder des Saulus erzählen. Der Text ist sehr kurz, kann aber durch diese Erzähltechnik und das Füllen der Zwischenräume zum Leben erweckt werden.

Kompetenzen: Die Kinder können den Weg der Hauptfigur einer Geschichte innerlich mitgehen. Sie können sich in eine (biblische) Figur hineinversetzen.

•• Lese-Rolle / Astfiguren / Band NT1: Freie Erzählung

Gegen-Sätze

Einen Bibelvers oder einen Spruch ins Gegenteil verkehren und aufschreiben.

Material: 1 Bibel oder ein ausgedruckter Vers/Spruch pro Kind, Stifte, evtl. Zettel

Beschreibung: Die Kinder erhalten je einen markanten Bibelvers aus der Geschichte oder suchen sie selbst aus einem Bibeltext heraus. Sie gehen zu dritt zusammen und verkehren den Inhalt ins Gegenteil. Die neue Aussage schreiben sie Wort für Wort daneben oder darunter (werden Bibeln für die Auswahl verwendet, können die Gegen-Sätze auf separate Zettel geschrieben werden). Die Gegen-Sätze werden auf einem Tisch ausgelegt. Nun wird verglichen. Was sagen die ursprünglichen Sätze, was die Gegen-Sätze? Was wäre, wenn dieser Bibelvers oder Spruch gegenteilig in der Bibel stehen würde? Könnte das auch passen? Warum ja, warum nein?

Bibeltext: Die Gegen-Sätze können eine Hilfe sein, um über den Heiligen Geist ins Gespräch zu kommen: Was passiert da? Wie passiert das? Auch das Thema Fasten und Beten kann bedacht werden: Warum war das den Leuten wichtig? Wie beeinflusst es den Verlauf der Handlung?

Kompetenzen: Die Kinder können Aussagen ins Gegenteil verkehren. Sie können probeweise unterschiedliche Perspektiven einnehmen und sie bewerten.

•• Anziehfiguren / Wörter-Batch / Band AT2: Geschichtendreh

Aktionskarten

Einen Text mithilfe von Fragen und Aktionen entdecken und ins eigene Leben übertragen.

Material: Bastelvorlage (s. Downloads) und entsprechendes Material; Bibel

Beschreibung: Es gibt im Download allgemeine Aktionskarten. Weitere passende Fragen und Aktionen zu einer konkreten Geschichte im Vorfeld selbst entwickeln.
Die Karten liegen umgedreht in der Mitte. Ein Kind beginnt und dreht eine Karte um. Es liest die Karte vor, äußert sich dazu oder führt die Aktion aus. Je nach Aufgabe können weitere Kinder der Gruppe mit involviert sein. Wurde die Aktion ausgeführt, wird die nächste Karte aufgedeckt.

Bibeltext: Aktionskarten im Download mit den folgenden Karten zur Geschichte ergänzen (S. 1 des Downloads): Was machst du gern? Nenne eine Aufgabe, die dir liegt. Erzähle der Gruppe, warum. Welche Aufgabe magst du nicht und warum? Wenn du in der Mission wärst, an welchem Ort wäre das?

Kompetenzen: Die Kinder können zu einer Geschichte Stellung nehmen. Sie können Inhalte deuten und mit ihrem Alltag verbinden.

•• Fragenpuzzle / Visitenkarten / Band NT1: Rede-Ball-Runde

AKTIONSKARTE

Zeige im Bibeltext, welchen Vers du wichtig findest.

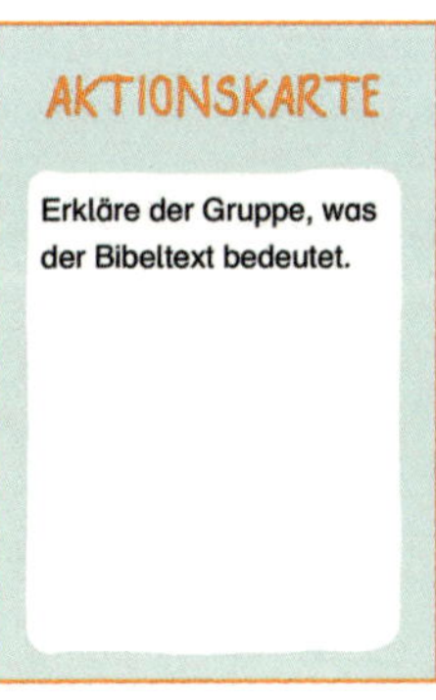

APOSTELGESCHICHTE 13,4-12

Barnabas und Saulus auf Zypern

4 So wurden Barnabas und Saulus vom Heiligen Geist ausgesandt und auf den Weg geschickt. Sie gingen hinab nach Seleukia und reisten von dort mit dem Schiff zur Insel
Zypern. 5 Als sie in die Stadt Salamis kamen, verkündeten
sie die Botschaft Gottes in den jüdischen Synagogen. Als Hel-
fer hatten sie noch Johannes Markus bei sich. 6 Dann durch-
zogen sie die ganze Insel und kamen nach Paphos. Dort trafen sie einen Juden namens Barjesus, der war ein Magier und
falscher Prophet. 7 Er gehörte zum Gefolge des römischen
Statthalters der Insel, Sergius Paulus, einem gebildeten
Mann. Der Statthalter hatte Barnabas und Saulus rufen lassen
und wollte die Botschaft Gottes hören. 8 Aber Elymas, wie
Barjesus sich auch nannte – das bedeutet „Magier" –, trat
ihnen entgegen und suchte mit allen Mitteln zu verhindern,
dass der Statthalter der Botschaft glaubte. 9 Saulus – mit seinem römischen Namen heißt er übrigens Paulus – sah den
Magier scharf an; erfüllt vom Heiligen Geist, 10 sagte er zu
ihm: „Du Sohn des Teufels, du bist voll List und Tücke und
kämpfst gegen alles Gute. Willst du nicht endlich aufhören,
die klaren Absichten Gottes zu durchkreuzen? 11 Der Herr
wird dich dafür bestrafen: Du sollst blind sein und für einige
Zeit das Sonnenlicht nicht mehr sehen!" Im selben Augenblick fand sich der Magier in die tiefste Dunkelheit getaucht.
Er tappte umher und suchte einen, der ihn an der Hand
führte. 12 Als der Statthalter sah, was geschehen war, kam
er zum Glauben; denn er war tief beeindruckt davon, wie
mächtig sich die Lehre von Jesus, dem Herrn, erwiesen hatte.

Einführung

Auf ihrer ersten Missionsreise führt der Heilige Geist Barnabas und Saulus zunächst nach Zypern, in die Heimat von Barnabas. Johannes Markus begleitet sie. Seleukia ist wohl mit der Hafenstadt Seleukia Pieria gleichzusetzen, dem Mittelmeerhafen von Antiochia. Die Stadt liegt etwa 32 Kilometer von Antiochia entfernt. Der erste Ort der Reise, Salamis, befindet sich im Osten von Zypern, in der Nähe des heutigen Famagusta. Es fällt auf, dass Barnabas und Saulus zunächst in den jüdischen Gemeinden missionieren, bevor sie sich den Nichtjüdinnen und Nichtjuden zuwenden. Die Stadt Paphos liegt im Westen Zyperns. Die Bekehrung des Statthalters Sergius Paulus ist bedeutsam in einer Zeit, in der die Jüngerinnen und Jünger Jesu von ihren Gegnern immer wieder als Gefahr für den römischen Staat dargestellt werden. Ab Vers 9 wird Saulus vom Verfasser der Apostelgeschichte mit seinem römischen Namen Paulus bezeichnet und stets vor Barnabas genannt.

Johannes Markus: ein Cousin des Barnabas. Wegen ihm streiten sich später Barnabas und Paulus, was dazu führt, dass beide sich neue Reisegefährten suchen (Apg 15).

Synagoge: Versammlungsort der jüdischen Gemeinden zu Gottesdienst und Gebet.

Barjesus: bedeutet „Sohn von Jesus". Wird auch Elymas genannt, was im Aramäischen „Magier" bedeutet. Jude, der zum Gefolge des römischen Statthalters gehört.

Statthalter: Befehlshaber einer Region oder Provinz im Auftrag des römischen Kaisers.

Ja-Nein-Rätsel

Aufgrund des Schlusses einer (biblischen) Geschichte durch gezieltes Nachfragen deren Handlung erraten.

Material: evtl. Bibel

Beschreibung: Eine biblische Geschichte als Ja-Nein-Rätsel vorstellen. Die Erzählerin / der Erzähler erzählt das Ende einer eher unbekannten biblischen Geschichte und schließt mit der Frage „Was ist hier passiert?“. Die Kinder versuchen herauszufinden, wie es zu diesem Ende gekommen ist. Ein Kind beginnt. Es stellt eine Frage, die mit „Ja“ oder „Nein“ beantwortet werden kann. Bei einem „Ja“ darf es noch eine Frage stellen. Antwortet die Erzählerin / der Erzähler mit „Nein“, stellt das nächste Kind eine Frage. Wer erzählt, wägt ab, ob er bei einem „Ja“ den Kindern weitere Informationen preisgibt, die ihnen neue Fragen ermöglichen. – Zum Schluss die Handlung auflösen. Die Geschichte erzählen oder aus der Bibel vorlesen.

Bibeltext: Die Geschichte ist etwas unheimlich und unbekannt. Darum eignet sich die Methode hier eher für ältere Kinder. Die Verse 11 und 12 erzählen. Dann folgt die Frage. Wer erzählt, kann zwischendurch kleine Informationen einstreuen.

Kompetenzen: Die Kinder können spielerisch und schöpferisch mit Inhalten umgehen. Sie können assoziieren, Informationen bewerten und durch Fragen weiterentwickeln.

•• Reise-Erzählung / Hausrats-Helfer / Band AT1: Wendepunkt

Dolmetscher

Einen Bibeltext so in Gegenwartssprache übertragen, dass der wesentliche Inhalt verstanden wird.

Material: Bibel oder ausgedruckter Text, Papier, Stifte, evtl. Bibellexikon

Beschreibung: Es gibt verschiedene Möglichkeiten: **1.** Für jüngere Kinder: Den Bibeltext Vers für Vers lesen. Nach jedem Vers dolmetscht ein Kind und wiederholt den Vers sinngemäß in eigenen Worten. Stolpert es dabei über einen schwierigen Begriff, kann gemeinsam nachgedacht werden, was dieser bedeuten könnte. Das Kind versucht es anschließend erneut. **2.** Für ältere Kinder: Die Kinder arbeiten in Gruppen. Sie notieren den gedolmetschten Text. Dabei kann jede Gruppe einen Teil der Verse übernehmen. Wichtig: Es soll keine wörtliche Übersetzung stattfinden. Vielmehr geht es darum, den Inhalt der Verse so wiederzugeben, dass die Kinder sie begreifen und verstehen. Mögliche Schritte: Schwierige Wörter unterstreichen. Begriffe durch sinnverwandte Wörter ersetzen, umschreiben oder erklären. Lange oder komplizierte Sätze in kurze Sätze umformulieren. Alte Bilder in Texten durch heutige Bilder ersetzen. – Anschließend präsentieren die Gruppen einander ihre Ergebnisse.

Bibeltext: In der großen Gruppe durchführen. Evtl. ein Bibellexikon zum Nachschlagen von Personen und schwierigen Begriffen bereithalten.

Tipp: Mein Bibellexikon, hrsg. v. Michael Jahnke, SCM R. Brockhaus, Witten, in Kooperation mit Deutsche Bibelgesellschaft, Stuttgart, und Bibellesebund Deutschland, Marienheide 2021.

Kompetenzen: Die Kinder können einen Text lesen und verstehen. Sie können ihn mit eigenen Worten umschreiben und deuten.

•• Schlagzeile / Emojis / Band AT2: Adlerauge

Frage-Antwort-Salat

Fragen und Antworten zu einem Thema sichtbar machen und verdichten.

Material: Papierkreise in Grün und Rot, Stifte, Papierbogen, evtl. Klebstoff, Klebepunkte

Beschreibung: Zu einer Geschichte oder einem Thema wird eine erste Frage auf einen roten Papierkreis geschrieben und auf einen Papierbogen gelegt oder geklebt. Die Kinder gehen zu zweit zusammen und überlegen sich eine Antwort oder eine weitere Frage dazu. Die Antwort wird auf einen grünen Kreis geschrieben und mit dem roten Kreis verbunden. Eine neue Frage wird dagegen auf einem neuen roten Papierkreis notiert und aufgeklebt. Die Moderation greift am Schluss einzelne Fragen und Antworten heraus und verdichtet sie. Mit farbigen Klebepunkten können Fragen und Antworten markiert werden, z. B. die beste, spannendste oder schwerste Frage oder Antwort.

Bibeltext: Mögliche Startfragen: Warum hatte der römische Statthalter einen Magier im Gefolge? Wie war das für Barnabas und Paulus, als der Statthalter sie zu sich rief, um die Botschaft Gottes zu hören? Wer oder was kann uns heute vom Glauben abhalten?

Kompetenzen: Die Kinder können eigene Fragen zu einem Thema aufschreiben. Sie können durch die Gruppe Antworten erhalten und selbst die Fragen anderer beantworten.

•• Fragenpuzzle / Vier Ecken / Band AT1: Fragenquiz

APOSTELGESCHICHTE 14,8-20

Paulus und Barnabas in Lystra

8 In Lystra sahen Paulus und Barnabas einen Mann sitzen, der
seit seiner Geburt gelähmt war. Seine Füße waren kraftlos; er
hatte in seinem ganzen Leben noch keinen Schritt getan. 9 Er
hörte zu, wie Paulus die Gute Nachricht verkündete. Paulus
blickte ihn an, und als er merkte, dass der Gelähmte das feste
Vertrauen hatte, geheilt zu werden, 10 sagte er laut: „Steh
auf, stell dich aufrecht auf deine Beine!“ Da sprang der
Mann auf und ging umher. 11 Als die Volksmenge sah, was
Paulus getan hatte, riefen alle in ihrer lykaonischen Sprache:
„Die Götter haben Menschengestalt angenommen und sind
zu uns herabgestiegen!“ 12 Sie nannten Barnabas Zeus und
Paulus nannten sie Hermes – weil er das Wort geführt
hatte. 13 Der Priester aus dem Zeus-Tempel vor der Stadt
brachte Stiere und Blumenkränze ans Stadttor und wollte zusammen mit der Menge den beiden Opfer darbringen. 14 Als
die Apostel merkten, was da vor sich ging, zerrissen sie ihre
Kleider, stürzten sich in die Menge und riefen: 15 „Ihr Männer, was macht ihr da? Wir sind doch Menschen genauso wie
ihr! Mit unserer Botschaft wollen wir euch ja gerade dazu
aufrufen, dass ihr euch abwendet von all diesen Göttern,
die gar keine sind, und euch dem lebendigen Gott zuwen-
det – dem Gott, der Himmel, Erde, Meer und alles, was
lebt, geschaffen hat! 16 Bis jetzt hat er alle Völker außer
den Juden ihre eigenen Wege gehen lassen. 17 Und doch
hat er sich auch ihnen schon immer zu erkennen gegeben:
Er ist es doch, der euch Wohltaten erweist! Er gibt euch
den Regen und lässt die Ernte reifen! Er gibt euch zu essen
und macht euch froh und glücklich!“ 18 Doch auch damit
konnten sie die Leute kaum davon abbringen, ihnen zu
opfern. 19 Aber dann kamen Juden aus Antiochia in Pisidien
und aus Ikonion. Sie brachten die Menge auf ihre Seite und
bewarfen Paulus mit Steinen. Darauf schleiften sie ihn aus der
Stadt hinaus; denn sie hielten ihn für tot. 20 Doch als die
Christen sich um ihn drängten, kam er wieder zu sich, stand
auf und ging ganz offen in die Stadt zurück. Am nächsten Tag
machte er sich mit Barnabas auf den Weg nach Derbe.

Einführung

Paulus und Barnabas sind hier nur noch zu zweit unterwegs, denn Johannes Markus hatte sie in Perge verlassen (Apg 13,13). In Lystra wird ein Gelähmter auf das Wort von Paulus hin von Gott geheilt. Paulus und Barnabas werden deswegen als Götter verehrt. Als sie verstehen, was die Menschen so aufgeregt in lykaonisch sagen, wehren sie sich mit aller Kraft dagegen. Gott soll die Ehre bekommen. Ihn wollen sie den Menschen vorstellen, nicht sich selbst. Das versuchen sie auch den Bewohnern von Lystra klarzumachen.

Lystra: liegt im Gebiet Lykaonien in Kleinasien. Wichtige Region im anatolischen Hochland, das heute zur Türkei gehört.

Zeus: oberster Gott der griechischen Götterwelt. Herrscher über Himmel und Erde mit Wohnsitz auf dem Berg Olymp.

Hermes: Schutzgott der Kaufleute und Reisenden. Weil er als Götterbote und als Gott der Redekunst gilt, glauben die Bewohnerinnen und Bewohner von Lystra, im redegewandten Paulus diesen Gott vor sich zu haben.

Reise-Erzählung

In eine Reise von (biblischen) Personen mit hineingenommen werden.

Material: Koffer, Taschen, passende Requisiten für das Reisegepäck (hier: Strohmatte, Naturfotografien von Lystra, Bilder von Zeus und Hermes, Blumenkranz, großer Stein, biblische Landkarte, Schalen, getrocknete Früchte)

Beschreibung: Den Text als Reise-Erzählung überarbeiten. Dazu gehören spannende Erlebnisse, Informationen zu Land, Kultur, Religion und besuchten Orten. Gegenstände aus der Geschichte, Reiseandenken einer Hauptfigur, kulinarische Snacks und Fotos veranschaulichen die Geschichte.
Für die Durchführung die Sitzordnung so wählen, dass alle Kinder Blickkontakt haben. Während des Erzählens die Gegenstände aus Koffern und Taschen herausnehmen und zeigen. Die Kinder durch Fragen einbeziehen.

Bibeltext: Die Erzählerin / der Erzähler setzt sich zum Erzählen auf eine Strohmatte. Fotos von Lystra, Zeus und Hermes, einen Stein als Symbol für Gefahren auf der Reise zeigen, einen Blumenkranz aus den Opfergaben zeigen. Die Orte auf einer Landkarte suchen lassen, getrocknete Früchte in Schalen anbieten.

Variante: Ältere Kinder können einen „Reise-Bericht“ oder einen „Reise-Blog“ zu einer biblischen Person erstellen.

Kompetenzen: Die Kinder können von der Reise einer (biblischen) Person hören. Sie können eine fremde Kultur in Ansätzen kennenlernen.

•• Gliederfiguren / Lege-Strichfiguren / Band NT1: Kegelfiguren

Nacherzählung

Eine Geschichte mit eigenen Worten wiederholen, ohne den Inhalt zu verändern.

Material: 1 Bibel pro Kind, evtl. Zettel, Stifte

Beschreibung: Es gibt verschiedene Möglichkeiten: **1.** Bei einer einfachen Nacherzählung wird die Geschichte mit den Kindern spontan wiederholt. Die Moderation unterstützt die Kinder durch Fragen: Was ist passiert? Wie könnte es weitergehen? **2.** Bei einer schriftlichen Nacherzählung wird der gelesene Text mit eigenen Worten aufgeschrieben. Die Kinder lesen sich den Text gut durch. Sie achten auf den Aufbau der Geschichte. Wie fängt die Geschichte an? Gibt es einen Höhepunkt? Wie endet die Geschichte? Es wird in der Vergangenheitsform geschrieben. **3.** Bei der mündlichen Nacherzählung lesen die Kinder den Text für sich durch. Sie notieren sich wichtige Stichwörter. Dann üben sie ihre Erzählung ein und tragen die Geschichte mit eigenen Worten der Gruppe oder einem anderen Kind vor.

Bibeltext: Die Kinder sollen die Geschichte mündlich wiederholen. Sie machen sich Notizen und erzählen dann die Geschichte einem anderen Kind.

Kompetenzen: Die Kinder kennen die Form der Nacherzählung. Sie können eine Geschichte erfassen, einüben und anderen mit eigenen Worten wiedergeben.

•• Emojis / Hörspiel / Band NT1: Guter Fang

Verfremdung

Über die Verfremdung einer Erzählung die Handlung neu verstehen und vertiefen.

Material: 1 Bibel (oder 1 Bibel pro Gruppe), Notizzettel und Stifte, evtl. Requisiten

Beschreibung: Hier wird eine gehörte Geschichte im Nachhinein umgeschrieben oder unter einem Thema neu gespielt. Dabei können Figuren (Männer – Frauen, Arme – Reiche), Gegenstände, Orte, Zeit (früher – heute, Tag – Nacht), Textgattung (Krimi / Tragödie / Komödie), Handlung oder Kern/Sinn der Geschichte verfremdet werden.
Es gibt verschiedene Möglichkeiten: Mit jüngeren Kindern eher einzelne Elemente wie Figuren, Orte und Zeit verfremden und gemeinsam beobachten und besprechen, wie das die Erzählung verändert. Für ältere Kinder eignen sich verschiedene Gruppenarbeiten: **1.** Die Kinder übertragen die Geschichte in die heutige Zeit. Wer würde mitspielen? Wo könnte die Erzählung stattfinden? Wie könnte die Geschichte verlaufen? **2.** Die Erzählung verfremdet einüben und aufführen. Die Gruppen erhalten dazu neue/irritierende Requisiten und Rollen, die sie mit einbauen sollen. **3.** Die Kinder verändern die Textgattung und spielen eine Erzählung als Krimi / Tragödie / Komödie. – An die Methode sollte eine kurze Reflexion anschließen, damit die Kinder beide Handlungen und deren Ergebnisse vergleichen können.

Bibeltext: Gruppen bilden und die Geschichte so verfremden, dass sie den heutigen Verhältnissen entspricht.

Variante: Die „Bild-Verfremdung“. Hier wird ein Bild verfremdet, z. B. indem man es farblich verändert (kräftige Farben einfügen oder Elemente mit anderen Farben übermalen), Teile des Bildes aus anderen Bildelementen neu zusammenbaut oder Elemente des Bildes übernimmt und sie in eine andere Bildumgebung setzt.

Kompetenzen: Die Kinder können eine Erzählung mit neuen Ideen und Informationen verfremden. Sie können ihr Ergebnis erneut mit dem Bibeltext vergleichen und dadurch einen Inhalt neu und vertieft wahrnehmen.

•• Geschichtentüte / Rangfolge / Band AT2: WWW-Runde

APOSTELGESCHICHTE 16,11-15

Paulus in Philippi: Die Bekehrung von Lydia

11 Wir fuhren von Troas auf dem kürzesten Weg zur Insel Sa-
mothrake und am zweiten Tag erreichten wir Neapolis. 12 Von
dort gingen wir landeinwärts nach Philippi, einer Stadt im
ersten Bezirk Mazedoniens, einer Ansiedlung von römischen
Bürgern. Wir hielten uns einige Tage dort auf 13 und warteten auf den Sabbat. Am Sabbat gingen wir vor das Tor an den
Fluss. Wir vermuteten dort eine jüdische Gebetsstätte und
fanden sie auch. Wir setzten uns und sprachen zu den
Frauen, die zusammengekommen waren. 14 Auch eine
Frau namens Lydia war darunter; sie stammte aus Thyatira
und handelte mit Purpurstoffen. Sie hielt sich zur jüdischen
Gemeinde. Der Herr öffnete ihr das Herz, sodass sie begierig
aufnahm, was Paulus sagte. 15 Sie ließ sich mit ihrer ganzen
Hausgemeinschaft, ihren Angehörigen und Dienstleuten,
taufen. Darauf lud sie uns ein und sagte: „Wenn ihr überzeugt seid, dass ich treu zum Herrn stehe, dann kommt in
mein Haus und nehmt dort Quartier!" Sie drängte uns, die
Einladung anzunehmen.

Einführung

Nach einem Streit haben sich Paulus und Barnabas getrennt (Apg 15). Paulus startet seine zweite Missionsreise und nimmt Silas mit. Von Jerusalem aus zieht er über Samaria nach Norden und besucht die Gemeinden in Derbe, Lystra, Ikonien und Antiochia in Pisidien. In Lystra schließt sich ihnen Timotheus an. Sie erreichen Nordgriechenland und ziehen von Neapolis weiter nach Philippi. Sobald Paulus in eine neue Stadt kommt, sucht er die Synagoge oder die jüdischen Gebetsstätten auf. In Philippi trifft Paulus auf Lydia, eine wohlhabende und einflussreiche Frau. Sie öffnet sich für den christlichen Glauben. Ihre ganze Familie und alle, die dazugehören, lassen sich taufen. Ihr Haus wird zum Mittelpunkt der ersten christlichen Gemeinde in Europa. Ihr Glaube zeigt sich auch in ihrer Gastfreundschaft. Gerade in Zeiten der Verfolgung sind die Vertriebenen davon abhängig, dass Christinnen und Christen zusammenstehen und einander Unterschlupf gewähren.

Silas: bedeutet „Wald". Mitarbeiter des Paulus, gehört zur Gemeinde in Jerusalem.

Philippi: römische Kolonie in Nordgriechenland. Da Philippi an einer wichtigen Handelsstraße liegt, besucht Paulus die Gemeinde später noch mehrmals.

Lydia: stammt aus Tyatira in Lydien, der Name „Lydia" könnte daher eine Herkunftsbezeichnung sein. Lebt in Philippi und ist Purpurhändlerin. Da Purpurstoffe überaus kostbar waren, ist anzunehmen, dass Lydia wohlhabend war – anders wäre es ihr kaum möglich gewesen, dieses Luxusgut einzukaufen, zu lagern und an seine Bestimmungsorte transportieren zu lassen. Die Formulierung „mein Haus" (V. 15) deutet darauf hin, dass sie zu diesem Zeitpunkt Hausherrin, also alleinstehend (möglicherweise verwitwet) war.

Purpur: ein kostbarer Farbstoff, der ursprünglich aus Meerschnecken gewonnen wurde. Bereits in der Antike gab es Pflanzenfarbstoffe, die eine günstigere Alternative mit ähnlichem Farbergebnis darstellten. Allerdings waren auch die pflanzlich gefärbten Stoffe ein teures Luxusgut.

Handpuppen

Einfache Puppen zu einer Geschichte gestalten und damit spielen.

Material: Bastelvorlage (s. Downloads) und entsprechendes Material; Bibel

Beschreibung: Die Kinder gestalten einfache Handpuppen, die im Vorfeld genäht wurden. Am besten wird die Methode in mehreren Schritten durchgeführt: **1.** Bibeltext lesen: Der Text wird vorgelesen. **2.** Handpuppen basteln: Aufteilen, wer welche Person herstellt. Bei der Gestaltung der Details sind der Fantasie keine Grenzen gesetzt. **3.** Die Geschichte wird nochmals vorgelesen, die Kinder improvisieren frei dazu.

Bibeltext: Nach dem ersten Vorlesen sucht sich jedes Kind aus, welche Figur es basteln möchte. Die Leitung kann zusätzliche Gestaltungstipps geben, z. B.: Lydia ist eine reiche Händlerin von edlen Stoffen. Wie zeigt sich das an ihrer Kleidung? Paulus, Silas und Timotheus haben eine weite Reise hinter sich. Sind sie vielleicht dreckig oder zerzaust?

Variante: Alternativ eignen sich Sockenpuppen, einfache Figuren aus Filz oder Puppen mit Holzkopf aus dem Handel.

Kompetenzen: Die Kinder können eigene Medien kreativ gestalten und mit den Figuren improvisieren. Sie können Absprachen treffen und gemeinsam ein Projekt realisieren.

•• Bibel-Lese-Fächer / Erzählung als Hauptfigur / Band NT1: Stabfiguren

Puppentheater

Mit Handpuppen eine (biblische) Geschichte erleben oder selbst spielen.

Material: Tücher, Türvorhang oder Puppentheater, Erzähltext, evtl. Haken und Werkzeug zum Anbringen oder Reißnägel

Beschreibung: Ein fertiges Puppentheater aufstellen oder eine Bühne aufbauen. Dazu eignet sich eine breite Tür, an der ein passender Vorhang auf halber Höhe oder je nach Alter der Kinder etwas tiefer befestigt wird. Dazu an beiden Seiten des Türrahmens oben und unten Haken anbringen und den genähten Vorhang daran befestigen oder den Vorhang mit Reißnägeln an der Wand zu beiden Seiten des Rahmens fixieren.
Die Erzählerin / der Erzähler liest die Geschichte vor, während einige freiwillige Kinder mit den Handpuppen dazu spielen. Die Kinder knien dazu hinter dem Puppentheater oder dem Vorhang. An Schlüsselstellen spielen sie die Handpuppen selbst und lassen sie reden. Ältere Kinder können selbst die Regie übernehmen und eine Geschichte gemeinsam erarbeiten und vorspielen.

Bibeltext: Mit selbst gestalteten (oder bestehenden) Handpuppen die Geschichte spielen. Als Erzählerin / Erzähler freie Dialoge zwischen den Figuren ermöglichen, beispielsweise Gespräche von Paulus und seinem Team mit den Frauen; Lydia, die ihr Erlebnis der Familie erzählt; die Entscheidung, sich taufen zu lassen.

Kompetenzen: Die Kinder können mithilfe von Handpuppen eine Geschichte ganzheitlich wahrnehmen und verstehen. Sie können sich mit anderen absprechen und einander beim Puppenspiel unterstützen.

•• Leporello / Fantasiefigur / Band NT1: Koffertheater

Geschichtentüte

Eine Tüte auspacken oder selbst füllen und damit (biblische) Geschichten erzählen, vertiefen oder erfinden.

Material: Bastelvorlage (s. Downloads) und entsprechendes Material; Figuren und Requisiten (hier: mehrere Figuren, verschiedenfarbige Stoffe, Wegweiser zum Beschriften, Pappe/Holz)

Beschreibung: Eine solche Tüte kann unterschiedlich angewendet werden: **1.** Damit die Kinder einer Geschichte begegnen können, die Tüte mit Figuren und Inhalten füllen. Die Kinder betrachten diese und stellen Vermutungen zur Geschichte an **2.** Im Anschluss an eine bereits gehörte Geschichte suchen die Kinder passendes Material und füllen damit die Tüte. **3.** Die Tüte enthält Gegenstände aus dem Alltag der Kinder. Sie ziehen reihum einen Gegenstand und erfinden dazu je eine Geschichte. Oder sie entwickeln die Geschichte mit jedem weiteren Gegenstand weiter.

Bibeltext: Die Kinder füllen eine Tüte zur Geschichte. Diese könnte Figuren wie Lydia, Paulus, Silas, Timotheus und die Frauen am Flussufer enthalten, ein blaues Tuch für Wasser (Taufe), einen Wegweiser nach Philippi/Europa, violette Stoffstreifen als Lydias Purpurstoffe, Schlafmatten als Lager für die drei Reisenden.

Kompetenzen: Die Kinder kennen Figuren zur Visualisierung von Geschichten. Sie können passendes Material sammeln und damit Geschichten entwickeln und spielen.

•• Fragenpuzzle / Wollfaden-Bilder / Band AT1: Erzählende Steine

APOSTELGESCHICHTE 16,16-34

Paulus und Silas im Gefängnis

16 Auf dem Weg zur Gebetsstätte der Juden trafen wir eines Tages eine Sklavin, aus der redete ein Geist, der die Zukunft wusste. Mit ihren Prophezeiungen brachte sie ihren Besitzern viel Geld ein. 17 Die Frau lief hinter Paulus und uns anderen her und rief: „Diese Leute sind Diener des höchsten Gottes! Sie zeigen euch den Weg zur Rettung." 18 Das ging viele Tage so, bis Paulus es nicht länger anhören konnte. Er drehte sich um und sagte zu dem Geist: „Ich befehle dir im Namen von Jesus Christus: Fahre von ihr aus!" Im gleichen Augenblick fuhr der Wahrsagegeist von ihr aus. 19 Die Besitzer der Sklavin sahen sofort, dass mit dem Geist auch ihre Hoffnung auf Gewinn ausgefahren war. Sie packten Paulus und Silas und schleppten sie zum Marktplatz vor das städtische Gericht. 20 Sie stellten sie vor die beiden Stadtobersten und erklärten: „Diese Menschen hier stiften Unruhe in unserer Stadt. Juden sind sie; 21 sie wollen Sitten einführen, die gegen unsere Ordnung sind und die wir als römische Bürger nicht annehmen dürfen." 22 Auch die Volksmenge war aufgebracht und verlangte ihre Bestrafung. Die Stadtobersten ließen Paulus und Silas die Kleider vom Leib reißen und gaben Befehl, sie mit Stöcken zu prügeln. 23 Nachdem man ihnen viele Schläge verabreicht hatte, brachte man sie ins Gefängnis. Dem Gefängniswärter wurde eingeschärft, sie sicher zu verwahren. 24 Er sperrte sie darauf in die hinterste Zelle und schloss ihre Füße in den Block. 25 Um Mitternacht beteten Paulus und Silas und priesen Gott in Lobgesängen. Die anderen Gefangenen hörten zu. 26 Da gab es plötzlich ein gewaltiges Erdbeben. Die Mauern des Gefängnisses schwankten, alle Türen sprangen auf und die Ketten fielen von den Gefangenen ab. 27 Der Gefängniswärter fuhr aus dem Schlaf. Als er die Türen offen stehen sah, zog er sein Schwert und wollte sich töten; denn er dachte, die Gefangenen seien geflohen. 28 Aber Paulus rief, so laut er konnte: „Tu dir nichts an! Wir sind alle noch hier." 29 Der Wärter rief nach Licht, stürzte in die Zelle und warf sich zitternd vor Paulus und Silas nieder. 30 Dann führte er sie hinaus und fragte: „Ihr Herren, Götter oder Boten der Götter! Was muss ich tun, um gerettet zu werden?" 31 Sie antworteten: „Jesus ist der Herr! Erkenne ihn als Herrn an und setze dein Vertrauen auf ihn, dann wirst du gerettet und die Deinen mit dir!" 32 Und sie verkündeten ihm und allen in seinem Haus die Botschaft Gottes. 33 Der Gefängniswärter nahm Paulus und Silas noch in derselben Nachtstunde mit sich und wusch ihre Wunden. Dann ließ er sich mit seiner ganzen Hausgemeinschaft, seiner Familie und seinen Dienstleuten, taufen. 34 Anschließend führte er die beiden hinauf ins Haus und lud sie zu Tisch. Er und alle die Seinen waren überglücklich, dass sie zum Glauben an Gott gefunden hatten.

Einführung

Paulus befreit im Namen von Jesus Christus eine Sklavin von einem Wahrsagegeist und die Schwierigkeiten auf europäischem Boden beginnen: Die Besitzer können mit den Weissagungen der Sklavin nun kein Geld mehr verdienen und bringen Paulus und Silas vor die Gerichtsversammlung auf dem Marktplatz. Paulus und Silas werden, ohne sich verteidigen zu dürfen, geschlagen und ins Gefängnis gebracht. Im Gefängnis beten sie und singen Loblieder. Als sie durch ein Erdbeben freikommen, flüchten sie nicht. Der Gefängniswärter wird dadurch wachgerüttelt und stellt die entscheidende Frage: „Was muss ich tun, um gerettet zu werden?" Paulus bringt ihm die Gute Nachricht von Jesus. Darauf lassen sich der Gefängniswärter und sein Haus taufen.

Block: hölzerner Balken mit zwei Löchern zum Einspannen der Füße der Gefangenen.

Herr: In der griechischen Übersetzung des Alten Testaments wird dieser Titel für Gott gebraucht. Daraus entsteht das frühchristliche Bekenntnis „Jesus Christus ist der Herr" (Phil 2,6-11).

Roter Faden

Eine (biblische) Geschichte wird durch den Raum gespannt und entdeckt.

Material: rote Kordel, Requisiten zur Geschichte (hier: Figuren für die Sklavin, Paulus, Silas, die Stadtobersten, den Gefängniswärter und einen Mitgefangenen; Geldbörse, kleiner Rettungsring, Marktschild, aufgehängtes Gemüse, Stock, Spielzeug-Handschellen, Liederheft, Bild eines Erdbebens, Bild von geöffneten Türen, Schwert, Stoppschild, Schwamm, Verband, Taufbild, Spieltisch, evtl. Zitate aus dem Bibeltext), Bänder, Wäscheklammern, evtl. Bibel

Beschreibung: Die Kordel im Vorfeld kreuz und quer durch den Raum spannen. Entlang der Kordel verschiedene Gegenstände zur Geschichte anbringen, z. B. Figuren, Bilder, Zitate, Erklärungen.
Die Kinder orientieren sich am roten Faden und gehen an diesem entlang. Sie betrachten die Gegenstände, die an der Kordel befestigt sind, und begegnen auf diese Weise der biblischen Geschichte. Im Anschluss kann die Geschichte entweder gemeinsam mit den Kindern rekonstruiert werden oder die Erzählerin / der Erzähler liest den Bibeltext vor und greift dabei die Erfahrungen der Kinder und die Gegenstände an der roten Kordel auf.

Bibeltext: Ideen für Gegenstände und Bilder: Frauenfigur mit gefesselten Händen als Sklavin, Geldbörse, 2 Figuren mit Namensbeschriftung „Paulus" und „Silas", kleiner Rettungsring, Marktschild, aufgehängtes Gemüse, Polizeifiguren mit Namensbeschriftung „Stadtoberste", Figur mit zerrissenem Kleid, Stock, Spielzeug-Handschellen, Liederheft, Bild eines Erdbebens, Bild von geöffneten Türen, Figur für Gefängniswärter, Schwert, Stoppschild, Schwamm, Verband, Taufbild, Spieltisch. Soll die Handlung schon deutlich werden, können stark gekürzte Texte dazwischen gehängt werden.

Hinweis: Hier können die „Multi-Klemmer" zum Einsatz kommen. Die Klemmer an Tische, Schränke, Tafeln anbringen und die rote Kordel durch die Ösen führen.

Kompetenzen: Die Kinder folgen der Handlung einer Geschichte. Sie können Figuren und Bilder wahrnehmen und miteinander kombinieren. Sie können ihre Ideen einbringen.

•• Bildunterbrechung / Gerichtsverhandlung / Band AT1: Textbesichtigung

Multi-Klemmer

Inhalte durch Markieren, Klemmen oder Aufhängen ordnen, kennzeichnen, diskutieren.

Material: Foldback-Klammern in verschiedenen Farben und Größen, weitere Requisiten je nach Einsatz (hier: Bilder und Gegenstände zur Geschichte)

Beschreibung: Die Multi-Klemmer sind strenggenommen keine Methode, aber hilfreiche und vielfältige Werkzeuge. Mögliche Anwendungen: **1.** Markieren: Kennzeichnen von Bildmaterial oder Texten. **2.** Anheften und Aufhängen: Gedanken von Kindern an Pinnwänden, Whiteboards oder einer Kordel/Schnur anbringen. **3.** Ordnen: Inhalte, Beiträge und Gedanken gliedern oder sortieren. **4.** Ausstellen: An Bildwerken oder Ergebnissen von Gruppenarbeiten Namen oder Titel anbringen. **5.** Klemmen: Klemmbretter für Gruppenarbeiten wie „Stationenlauf" (Band NT1), „Schnipsel-Jagd" und als Unterlage für Zeichnungen einsetzen.

Bibeltext: Die Kinder markieren mit einem Multi-Klemmer, was sie persönlich für den wichtigsten Abschnitt der Geschichte halten. Wurde die Methode „Roter Faden" durchgeführt, kann das direkt an der Schnur passieren.

Kompetenzen: Die Kinder kennen die Funktion von Klammern. Sie können Klammern zum Sammeln und Ordnen von Material, Informationen, Gedanken und Ideen nutzen.

•• Schlagzeile / Pro-Kontra-Debatte / Band NT1: Funkelstrahlen

Stuhlwahl

Sich für oder gegen einen Sachverhalt positionieren und seine Wahl begründen.

Material: zwei Stühle, zwei Blätter Papier, Stifte in Rot und Grün, Klebeband

Beschreibung: Zwei Stühle werden einander gegenüber im Raum aufgestellt. Die Leitung schreibt mit dem grünen Stift „Dafür" und mit dem roten Stift „Dagegen" auf jeweils ein Blatt Papier und klebt jedes der Blätter auf die Lehne je eines Stuhls. Um eine Geschichte und ihre Bedeutung in den Alltag zu übertragen, eignen sich alltagsnahe Fragen und Aussagen, bei denen es um verschiedene Meinungen, Entscheidungen, Abstimmungen oder um Urteile geht. Zu jeder Frage darf je ein Kind auf dem „Dafür"- und ein Kind auf dem „Dagegen"-Stuhl Platz nehmen. Im Gespräch werden die Gründe für die jeweilige Position diskutiert.

Bibeltext: Aussagen: Wenn sich ein Hindernis in meinem Leben aufbaut, will ich, dass Gott es sofort beseitigt. Wenn mich jemand aufhalten will, dann wehre ich mich. Wenn es mir nicht so gut geht, will ich in Zukunft singen und beten. Es ist wichtig, auch den „Feinden" Gutes zu tun. Danach mit den Kindern ins Gespräch kommen: Passen die Aussagen zu der Geschichte und, wenn ja, wie?

Variante: Um einem Text zu begegnen, kann diese Methode eingesetzt werden, wenn es um bevorstehende Entscheidungen der handelnden Personen geht. Die Geschichte wird dazu an einer spannenden Stelle unterbrochen und die Erzählerin der Erzähler schildert eine mögliche Fortsetzung der Geschichte. Dann nimmt je ein Kind auf jedem der beiden Stühle Platz und es wird abgewogen, was für oder gegen die vorgeschlagene Fortsetzung spricht. Anschließend auflösen, wie sich die Person in der Geschichte entschieden hat.

Kompetenzen: Die Kinder können sich auf eine Geschichte / ein Thema einlassen und verschiedene Beweggründe des Handelns einordnen und reflektieren. Die Kinder können sich zu Aussagen und Fragen positionieren und begründen ihre Wahl.

•• Lebenswelt-Box / Best-of / Band AT2: Karussell

APOSTELGESCHICHTE 17,16-34

Paulus spricht in Athen auf dem Areopag

16 Während Paulus in Athen auf die beiden wartete, war er im Innersten empört, weil die Stadt voll von Götzenbildern war. 17 Er redete in der Synagoge zu den Juden und zu denen, die sich zur jüdischen Gemeinde hielten, und er sprach jeden Tag mit den Leuten, die er auf dem Marktplatz antraf. [...] 19 Sie nahmen ihn mit zum Areopag und wollten Näheres erfahren. „Uns interessiert deine Lehre", sagten sie. 20 „Manches klingt sehr fremdartig und wir würden gerne genauer wissen, was es damit auf sich hat." 21 Denn die Athener und die Fremden in Athen kennen keinen besseren Zeitvertreib, als stets das Allerneueste in Erfahrung zu bringen und es weiterzuerzählen. 22 Paulus trat in die Mitte des Areopags und sagte: „Ihr Männer von Athen! Ich sehe, dass es euch mit der Religion sehr ernst ist. 23 Ich bin durch eure Stadt gegangen und habe mir eure heiligen Stätten angesehen. Dabei habe ich auch einen Altar entdeckt mit der Inschrift: ‚Für einen unbekannten Gott'. Was ihr da verehrt, ohne es zu kennen, das mache ich euch bekannt. 24 Es ist der Gott, der die Welt geschaffen hat und alles, was darin lebt. Als Herr über Himmel und Erde wohnt er nicht in Tempeln, die ihm die Menschen gebaut haben. 25 Er ist auch nicht darauf angewiesen, von den Menschen versorgt zu werden; denn er selbst gibt ihnen das Leben und alles, was sie zum Leben brauchen. 26 Er hat aus einem einzigen Menschen die ganze Menschheit hervorgehen lassen, damit sie die Erde bewohnt. Für jedes Volk hat er im Voraus bestimmt, wie lange es bestehen und in welchen Grenzen es leben soll. 27 Und er hat gewollt, dass die Menschen ihn suchen, damit sie ihn vielleicht ertasten und finden könnten. Denn er ist ja jedem von uns ganz nahe. 28 Durch ihn leben wir doch, regen wir uns, sind wir! Oder wie es einige eurer Dichter ausgedrückt haben: ‚Wir sind sogar von seiner Art.' 29 Wenn wir Menschen aber von Gottes Art sind, dann dürfen wir nicht meinen, die Gottheit gleiche den Bildern aus Gold, Silber und Stein, die von Menschen mit ihrer Erfindungskraft und Kunstfertigkeit geschaffen wurden! 30 Nun, Gott ist bereit, mit Nachsicht über das hinwegzusehen, was ihr bisher aus reiner Unwissenheit getan habt. Jetzt aber fordert er alle Menschen überall auf, umzudenken und einen neuen Anfang zu machen. 31 Denn er hat einen Tag festgesetzt, an dem er über die ganze Menschheit ein gerechtes Gericht halten will, und zwar durch den Mann, den er dazu bestimmt hat. Ihn hat er vor aller Welt dadurch ausgewiesen, dass er ihn vom Tod auferweckt hat." 32 Als sie Paulus von der Auferstehung reden hörten, lachten ihn einige aus; andere sagten: „Darüber musst du uns ein andermal mehr erzählen." 33 Als Paulus darauf die Versammlung verließ, 34 schlossen sich ihm ein paar Männer an und kamen zum Glauben, darunter Dionysius, der dem Areopag angehörte, außerdem eine Frau namens Damaris.

Einführung

Paulus flieht nach Schwierigkeiten in Beröa allein nach Athen (V. 10-15). Während er auf Silas und Timotheus wartet, missioniert er sowohl in der jüdischen Gemeinde als auch unter den nicht-jüdischen Einwohnerinnen und Einwohnern der Stadt. In seiner Rede verurteilt er die kultischen Praktiken in Athen scharf. Er verweist auf den „Altar des unbekannten Gottes" und deutet ihn um: Während der Altar ursprünglich vermutlich – ähnlich wie das römische Pantheon – als eine Art Absicherung diente, dass im Kult keine Gottheit vergessen würde, interpretiert Paulus die Inschrift so, dass die Athenerinnen und Athener den einzig wahren Gott bisher noch nicht kannten, seine Existenz durch den Altar aber vorausgesetzt hätten. Er, Paulus, sei nun gekommen, um sie mit diesem „unbekannten Gott" bekannt zu machen, sodass sie zukünftig ihn allein verehren könnten. Die Reaktion auf Paulus' Rede ist gespalten.

Areopag: bezeichnet sowohl einen Felshügel nordwestlich der Akropolis als auch die älteste Ratsversammlung Athens, die an diesem Ort tagte und zur Zeit des Paulus vor allem für kultische und religiöse Fragen zuständig war.

Sketchboard

Während des Erzählens entsteht mit Pinsel und Farbe ein Bild zur Geschichte.

Material: Papierrollen (z. B. von Druckerei), Tafel/Brett, Klammern, Staffelei, Farben (Grundfarben und Schwarz), 1 breiter Pinsel je Farbe, feuchter Lappen, Wasserflasche

Beschreibung: Vorbereitung: Sich mit dem Material und den Techniken vertraut machen, Grundelemente üben. Das Bild planen und das Sketchboard vorbereiten. Papier um Tafel oder Brett schlagen und mit großen Klammern fixieren. Unterschiedliche Techniken zum Rahmen, der Schrift, dem Einsatz von Farben und einfachen Zeichnungen sind im Download aufgeführt.
Tafel oder Brett aufstellen und die Farben und Pinsel bereithalten. Zu Beginn sehen die Kinder auf dem Sketchboard nur Kästchen, einfache Striche oder Formen in verschiedenen Farben. Während des Erzählens entsteht durch die Pinselstriche nach und nach ein Bild. Am Schluss spontane Gedanken der Kinder aufnehmen.

Bibeltext: Ideen zur Geschichte gibt es im Download.

Tipp: Sinn, Mika / Widmaier, Carolin: Sketchboard. Malend erzählen, 2 Bände, buch+musik ejw-service gmbh, Stuttgart [2]2015/2019.

Kompetenzen: Die Kinder können eine visualisierte Geschichte hören und sehen. Sie können sich auf das Medium fokussieren und dem Inhalt folgen.

•• Erzählung als Hauptfigur / Bibel-Lern-Duett / Band AT2: Erzählung mit Textblasen

Schlagzeile

Zu einer (biblischen) Geschichte eine knallige Schlagzeile finden und aufschreiben.

Material: 1 Bibel, 1 Stift und 1 Papierstreifen pro Gruppe, evtl. Whiteboard und Magnete

Beschreibung: Die Leitung erklärt, was eine Schlagzeile ist und welche Funktion sie hat, nämlich Aufmerksamkeit zu erregen und die Leserin / den Leser dazu zu bringen, einen Text zu lesen.
Die Kinder treffen sich zu viert. Sie erhalten Bibel, Stift, Papierstreifen. Sie tragen mündlich zusammen, was in der Geschichte passiert ist. Dann formulieren sie eine Schlagzeile zur Geschichte, also eine Überschrift, wie sie in einer Zeitung stehen könnte. Sie schreiben ihre Schlagzeile groß auf einen passenden Papierstreifen. Alle Papierstreifen werden (z. B. an einem Whiteboard) gesammelt und vorgelesen. Die Kinder bewerten mit Strichen, welche Schlagzeile sie am meisten anspricht. Die drei Schlagzeilen mit den meisten Strichen werden nochmals laut gelesen. Zusammentragen, ob und warum es sich um gute Schlagzeilen handelt.

Bibeltext: Beispiele für Schlagzeilen: Die große Lüge der vielen Götter! Warnung: Die neue Lehre erreicht nun auch Athen! Deshalb verlässt Dionysius seine Karriere am Areopag Spekulationen auf dem Areopag: Gibt es endlich eine Erklärung für den unbekannten Gott?

Kompetenzen: Die Kinder können die Handlung einer Geschichte erfassen und dazu eine Schlagzeile entwickeln. Sie können unter Anleitung verschiedene Schlagzeilen bewerten und sich dazu austauschen.

•• Lernschachtel / Vier Ecken / Band NT1: Bibelforscher

Kreiselgespräch

Spontane und kurze Gespräche zu Geschichten oder Stimmungsbilder zu einem Thema.

Material: Bastelvorlage (s. Downloads) und entsprechendes Material oder 1 Kreisel aus dem Handel pro Gruppe

Beschreibung: Die Kinder treffen sich in kleinen Gruppen. Sie erhalten einen Kreisel und setzen sich drum herum. Die Moderation stellt eine Frage, z. B. „Was denkst du über die Geschichte?". Ein Kind beginnt. Es dreht den Kreisel und darf so lange etwas zur Geschichte sagen, bis der Kreisel sich nicht mehr dreht und auf der Seite liegt. Dann macht das nächste Kind weiter. Es sollten einfache Fragen zur Geschichte gestellt werden, weil die Kinder immer auch mit dem Kreisel beschäftigt sein werden.

Bibeltext: Mögliche Fragen: Paulus stellt den Philosophen den Glauben an Jesus vor. Was ist ihm besonders wichtig? Wie ging es Paulus vielleicht nach seiner Predigt? Haben sich seine Hoffnungen erfüllt? Die Griechinnen und Griechen glaubten an verschiedene Gottheiten. Welche Religionen kennst du? Welche Argumente würdest du für den christlichen Glauben anführen?

Kompetenzen: Die Kinder können sich unter Zeitdruck zu einer Frage äußern. Sie können von anderen hören.

•• Ja-Nein-Stuhl / Zeitzeugen / Band AT1: Telefonat

APOSTELGESCHICHTE 19,23-40

Gefährliche Unruhen in Ephesus

23 In dieser Zeit kam es wegen der neuen Lehre zu schweren Unruhen in Ephesus. 24 Es gab dort nämlich einen Silberschmied namens Demetrius, der silberne Nachbildungen vom Tempel der Göttin Artemis verkaufte; das brachte ihm und den Handwerkern, die er beschäftigte, einen schönen Gewinn. 25 Dieser Demetrius rief alle, die in diesem Gewerbe tätig waren, zusammen und sagte: „Männer, ihr wisst: Unser ganzer Wohlstand hängt davon ab, dass wir diese Nachbildungen herstellen. 26 Und ihr werdet erfahren haben, dass dieser Paulus den Leuten einredet: ‚Götter, die man mit Händen macht, sind gar keine Götter.' Er hat mit seinen Reden nicht nur hier in Ephesus Erfolg, sondern fast überall in der Provinz Asien. 27 Es besteht aber nicht nur die Gefahr, dass er unseren Geschäftszweig in Verruf bringt, nein, auch die Achtung vor dem Tempel der großen Göttin Artemis wird schwinden! Es wird noch dahin kommen, dass die Göttin ihr Ansehen vollständig einbüßt – sie, die heute in der ganzen Provinz Asien und überall in der Welt verehrt wird!" 28 Als die Männer das hörten, wurden sie wütend und riefen: „Groß ist die Artemis von Ephesus!" 29 Die ganze Stadt geriet in Aufruhr und die Leute stürmten ins Theater. Gaius und Aristarch, Reisegefährten von Paulus aus Mazedonien, wurden von der Menge gepackt und mit dorthin geschleppt. 30 Paulus selbst wollte sich der Menge stellen, aber die Jünger ließen ihn nicht aus dem Haus. 31 Auch einige hohe Beamte der Provinz, die ihm freundlich gesinnt waren, warnten ihn durch Boten davor, sich im Theater sehen zu lassen. 32 Unter den dort Zusammengeströmten herrschte größte Verwirrung. Alle schrien durcheinander und die meisten wussten nicht einmal, worum es ging. 33 Die Juden schickten Alexander nach vorn und einige aus der Menge erklärten ihm den Anlass. Alexander winkte mit der Hand und wollte vor dem Volk eine Verteidigungsrede für die Juden halten. 34 Aber als die Leute merkten, dass er Jude war, schrien sie ihn nieder und riefen zwei Stunden lang im Chor: „Groß ist die Artemis von Ephesus!" 35 Schließlich gelang es dem Verwaltungsdirektor der Stadt, die Menge zu beruhigen. „Männer von Ephesus", rief er, „in der ganzen Welt weiß man doch, dass unsere Stadt den Tempel und das vom Himmel gefallene Standbild der großen Artemis hütet. 36 Das wird kein Mensch bestreiten! Beruhigt euch also und lasst euch zu nichts hinreißen! 37 Ihr habt diese Männer hergeschleppt, obwohl sie weder den Tempel beraubt noch unsere Göttin beleidigt haben. 38 Wenn Demetrius und seine Handwerker Anklage wegen Geschäftsschädigung gegen jemand erheben wollen, dann gibt es dafür Gerichte und Behörden. Dort können sie ihre Sache vorbringen. 39 Wenn ihr aber irgendwelche anderen Forderungen habt, muss das auf einer ordentlich einberufenen Volksversammlung geklärt werden. 40 Was heute geschehen ist, kann uns leicht als Rebellion ausgelegt werden. Es gibt keinen Grund für diesen Aufruhr; wir können ihn durch nichts rechtfertigen." Mit diesen Worten löste er die Versammlung auf.

Einführung

Auf seiner dritten Missionsreise zieht sich Paulus in Ephesus den Zorn der Silberschmiede zu. Indem sie behaupten, die Ehre der Göttin Artemis sei in Gefahr, erwecken sie den Eindruck, sie handelten im Interesse der ganzen Stadt: Da Artemis die Schutzgöttin von Ephesus war, hätte – in den Augen der Bevölkerung – eine Schmälerung ihrer Ehre eine existenzielle Bedrohung der Stadt bedeutet. Zudem fungierte der Artemistempel, der größte Tempel der Antike und eines der sieben Weltwunder, als Wallfahrtsort, Asylstätte und Bank. Er dürfte daher ein wichtiger Wirtschaftsfaktor der Stadt Ephesus gewesen sein.

Ephesus: Hauptstadt der römischen Provinz Asia, bedeutender Knotenpunkt des Handels zwischen Asien und dem Mittelmeerraum.

Artemis: eigentlich Göttin der Jagd, in Ephesus scheint der Schwerpunkt der Verehrung jedoch auf ihrer Funktion als Stadt- und Schutzgöttin von Ephesus gelegen zu haben.

Verbotene Begriffe

Beim Wiederholen eines Bibeltextes verbotene Begriffe auslassen oder umschreiben.

Material: Bibel

Beschreibung: Den Bibeltext Vers für Vers lesen. In jedem Vers werden verbotene Begriffe bestimmt. Dann versucht ein Kind, den Inhalt des Verses wiederzugeben oder zu umschreiben, ohne diese Wörter zu nennen. Verstehen alle den Inhalt trotzdem? Welche Wörter können einfach ersetzt werden? Welche sind schwierig?

Bibeltext: Nur Vers 23-34 für diese Methode verwenden und den Schluss erzählen. Fragen: Warum sind Demetrius und seine Berufskollegen so sauer auf Paulus? Warum laufen alle mit der Masse mit?

Variante: Auch mit Videoprojektor gut durchführbar. Dazu den Text so als Folie vorbereiten, dass die verbotenen Wörter in der Präsentation farbig markiert sind. Die Verse nach und nach einblenden.

Kompetenzen: Die Kinder können einen Text lesen und verstehen. Sie können Begriffe dem Sinn nach verstehen und umschreiben.

•• Ja-Nein-Rätsel / Hausrats-Helfer / Band NT1: Bibel-Dings

APOSTELGESCHICHTE 19,23-34

23 In dieser Zeit kam es wegen der neuen Lehre zu schweren Unruhen in
Ephesus. 24 Es gab dort nämlich einen Silberschmied namens Demetrius, der
silberne Nachbildungen vom Tempel der Göttin Artemis verkaufte; das
brachte ihm und den Handwerkern, die er beschäftigte, einen schönen
Gewinn. 25 Dieser Demetrius rief alle, die in diesem Gewerbe tätig waren,
zusammen und sagte: „Männer, ihr wisst: Unser ganzer Wohlstand hängt
davon ab, dass wir diese Nachbildungen herstellen. 26 Und ihr werdet erfahren haben, dass dieser Paulus den Leuten einredet: ‚Götter, die man mit
Händen macht, sind gar keine Götter.' Er hat mit seinen Reden nicht nur hier
in Ephesus Erfolg, sondern fast überall in der Provinz Asien. 27 Es besteht
aber nicht nur die Gefahr, dass er unseren Geschäftszweig in Verruf bringt,
nein, auch die Achtung vor dem Tempel der großen Göttin Artemis wird
schwinden! Es wird noch dahin kommen, dass die Göttin ihr Ansehen
vollständig einbüßt – sie, die heute in der ganzen Provinz Asien und überall in
der Welt verehrt wird!"

APOSTELGESCHICHTE 19,23-34

28 Als die Männer das hörten, wurden sie wütend und riefen: „Groß ist die
Artemis von Ephesus!" 29 Die ganze Stadt geriet in Aufruhr und die Leute
stürmten ins Theater. Gaius und Aristarch, Reisegefährten von Paulus aus
Mazedonien, wurden von der Menge gepackt und mit dorthin geschleppt. 30
Paulus selbst wollte sich der Menge stellen, aber die Jünger ließen ihn nicht
aus dem Haus. 31 Auch einige hohe Beamte der Provinz, die ihm freundlich
gesinnt waren, warnten ihn durch Boten davor, sich im Theater sehen zu
lassen. 32 Unter den dort Zusammengeströmten herrschte größte Verwirrung.
Alle schrien durcheinander und die meisten wussten nicht einmal, worum es
ging. 33 Die Juden schickten Alexander nach vorn und einige aus der Menge
erklärten ihm den ihm den Anlass. Alexander winkte mit der Hand und wollte
vor dem Volk eine Verteidigungsrede für die Juden halten. 34 Aber als die
Leute merkten, dass er Jude war, schrien sie ihn nieder und riefen zwei Stunden lang im Chor: „Groß ist die Artemis von Ephesus!"

Themen-Plakat

Ein Thema kreativ verarbeiten und verschiedene Inhalte übersichtlich darstellen.

Material: Liste der Arbeitsschritte zum Aushängen (s. Downloads); Tische, große Bögen Tonkarton in verschiedenen Farben, Bleistifte, Radiergummi, Lineale, unterschiedliche Farbstifte (Buntstifte, Marker, Fineliner ...), Scheren, Klebstoff, Notizpapier; Bibeln; Zeitschriften, Bilder, und Infomaterial zum Thema (hier: Informationen und Bilder zu Religion, Kultur, Wirtschaft und Alltagsleben in Ephesus, besonders zum Artemistempel)

Beschreibung: Die Kinder in kleine Gruppen aufteilen. Das Material auf einem Nebentisch ausbreiten, der für alle gut zugänglich ist. Die Schritte der Plakaterstellung besprechen und in Kurzform aushängen. **1.** Jede Gruppe sammelt Informationen zum Thema und sucht passendes Bildmaterial. **2.** Die Kinder notieren sich wichtige Stichworte auf einem Zettel. **3.** Sie schreiben mit Bleistift das Thema / die Überschrift auf das Plakat. Dann teilen sie sich das Plakat für ihre Inhalte auf und legen das ausgeschnittene Bildmaterial aus. **4.** Die Bilder mit Bleistift umkreisen, Stichworte mit Bleistift daneben schreiben. **5.** Wenn Bilder und Text passen, geht es an die Feinarbeit. Die Texte werden mit einem passenden Stift nachgezogen, die Bilder werden aufgeklebt. Die Bleistift-Vorzeichnungen wegradieren. **6.** Das Plakat ausstellen und mit einem Schild versehen, auf dem die Namen der Gruppe stehen. – Die Moderation begleitet die Gruppen im Hintergrund und geht auf die Fragen einzelner Kinder ein.

Bibeltext: Hintergrundinformationen und Abbildungen zur Stadt Ephesus, der Religion (vor allem zum Tempel der Göttin Artemis) und zu Berufen im Vorfeld zusammenstellen und auslegen. Ein Plakat kann die Geschichte darstellen.

Varianten: Themen-Plakate als Einzelarbeit; „Schreibgespräch", bei dem Gedanken zu Impulsen und Fragen schweigend notiert und Äußerungen der anderen kommentiert werden; „Impuls-Plakat" (Band AT2), mit dem Einstellungen, Haltungen und Meinungen kreativ ausgedrückt und sichtbar gemacht werden; „Präsentations-Plakat", um mündliche Präsentationen anschaulich zu unterstützen.

Kompetenzen: Die Kinder können Informationen sammeln, mit anderen besprechen und nach Wichtigkeit sortieren. Sie können ihr Wissen ordnen und visualisieren.

•• Schlagzeile / Emojis / Band AT2: Themen-Puzzle

Marktplatz

In Gruppen ein Thema oder einen Inhalt erarbeiten, ausstellen und „verkaufen“.

Material: pro Gruppe 1 Pinnwand oder 1 Flipchart und 1 Tisch (alternativ 1 Stuhl); Flipchart-Papier, Moderationsmaterial, z. B. Karten in verschiedenen Größen, Stifte, Pinn-Nadeln, evtl. weiteres Bastelmaterial

Beschreibung: Die Kinder in Vierergruppen aufteilen. Jede Gruppe erhält ein Thema oder sucht sich eines aus. Es eignen sich Themen, die für die Kinder interessant sind und sich in einer vorgebenden Zeit umsetzen lassen. Dabei kann auf das Vorwissen der Kinder aufgebaut oder mit Texten gearbeitet werden, die die Kinder unter Anleitung bearbeiten und als Plakate gestalten. Je nach Thema können auch plastische Arbeiten und Modelle hergestellt und ausgestellt werden.
Die Methode erfolgt in zwei Phasen: **1.** Die Kinder gestalten ihren Marktstand. Sie verarbeiten die Informationen und stellen sie unter Anleitung auf einem Plakat dar. **2.** Zwei Kinder bleiben am Stand und erklären anderen Kindern, die den Marktstand besuchen, die Inhalte. Dann wird gewechselt. Auf diese Weise nimmt jedes Kind einmal die Rolle des Besuchers und einmal die Rolle des Standbesitzers ein.

Bibeltext: Wurden bereits Plakate zum Alltagsleben im antiken Ephesus (z. B. Stadt, Religion, Berufe) und zur Geschichte der Stadt erstellt, können diese nun auf einem Flipchart oder auf Stühlen ausgestellt oder an der Wand aufgehängt werden. Auch kleine Attraktionen sind möglich, z. B. am Berufe-Marktstand Alufolie zum Formen von Figuren auslegen. Sind die Marktstände fertig vorbereitet, kann in Phase 2 übergegangen werden.

Kompetenzen: Die Kinder können Informationen nutzen und visualisieren. Sie können angeeignetes Wissen an andere weitergeben und von anderen lernen.

•• Audio-Collage / Frage-Antwort-Salat / Band AT1: Wissens-Check

APOSTELGESCHICHTE 21,27-36

Paulus wird im Tempel verhaftet

27 Die sieben Tage waren fast vorüber, da sahen Juden aus der Provinz Asien Paulus im Tempel. Sie hetzten das Volk auf, packten Paulus 28 und schrien: „Männer von Israel, zu Hilfe! Das ist der Verräter, der überall unter allen Menschen Lehren verbreitet, die gegen unser Volk und gegen das Gesetz und gegen diesen Tempel gerichtet sind! Jetzt hat er sogar Griechen in den Tempel mitgebracht und diesen heiligen Ort entweiht!“ 29 Sie hatten nämlich Paulus vorher in der Stadt mit Trophimus aus Ephesus zusammen gesehen und meinten, er hätte ihn auch in den Tempel mitgenommen. 30 In Windeseile sprach es sich in der Stadt herum und das Volk lief zusammen. Sie packten Paulus, zerrten ihn aus dem Heiligtum, aus dem inneren Vorhof, hinaus, und sofort wurden die Tore hinter ihm geschlossen. 31 Die Menge stürzte sich auf Paulus und wollte ihn schon umbringen, da wurde dem Kommandanten der römischen Garnison gemeldet: „Ganz Jerusalem ist in Aufruhr!“ 32 Sofort nahm er seine Soldaten samt ihren Hauptleuten und eilte zu der Volksmenge. Als die Leute den Kommandanten und die Soldaten kommen sahen, ließen sie davon ab, auf Paulus einzuschlagen. 33 Der Kommandant ging auf Paulus zu, nahm ihn fest und ließ ihn mit zwei Ketten fesseln. Dann wollte er von den Umstehenden wissen, wer der Mann sei und was er getan habe. 34 Aber in der Menge schrien die einen dies, die andern jenes. Weil der Kommandant bei dem Tumult nichts Sicheres herausbekommen konnte, befahl er, Paulus in die Kaserne zu bringen. 35 Am Aufgang zur Kaserne kam die Menge Paulus gefährlich nahe, sodass die Soldaten ihn tragen mussten. 36 Denn das ganze Volk lief hinterher und schrie: „Weg mit ihm!“

Einführung

Als Paulus von seiner dritten Missionsreise wieder zurück nach Jerusalem kommt, finanziert er als Zeichen seiner Gesetzestreue vier Männern die Erfüllung ihres Gelübdes und weiht sich mit ihnen im Tempel. Dort erkennen ihn einige Juden aus Ephesus. Sie meinen fälschlicherweise, er habe Trophimus mit in den Tempel genommen. Als Nicht-Jude darf dieser nur den äußeren Vorhof betreten, aber nicht die inneren Vorhöfe und den Tempel. Erneut steht der Vorwurf im Raum, dass Paulus gegen das Gesetz verstoße und dass er überall in der Welt gegen das Volk Gottes und den Tempel lehre. Es kommt zu einem Aufruhr. Paulus wird aus dem inneren Vorhof gezerrt und droht von der Menge gelyncht zu werden. Der Stützpunkt des Kommandanten der römischen Garnison, die Burg Antonia, lag zu dieser Zeit nordwestlich des Tempels und war über zwei Freitreppen schnell erreichbar. Die Truppen überwachten den Tempelbezirk und intervenierten bei Unruhen und Aufruhr. Der Kommandant, Claudius Lysias, lässt Paulus in Ketten legen und bringt ihn in die Kaserne der Burg. Später spricht Paulus zum Volk, steht vor dem Hohen Rat und verteidigt sich vor der römischen Obrigkeit. Als römischer Bürger verlangt er, dass sein Fall vor den Kaiser in Rom gebracht wird. Deshalb soll Paulus mit dem Schiff nach Rom transportiert werden (Apg 21,37 – 26,32).

Gesetz: Gemeint sind die fünf Bücher Mose und darin als Herzstück die Zehn Gebote. Demgegenüber formulieren Jesus und Paulus das Doppelgebot der Liebe (Mk 12,29-31) als Zentrum des Gesetzes.

Lege-Strichfiguren

Einen Bibeltext mit passenden Strichfiguren umrahmen.

Material: Bastelvorlage (s. Downloads) und entsprechendes Material; 1 Ausdruck des Bibeltexts pro Kind (hier: Bibeltext vergrößert ausgedruckt auf DIN A2), evtl. Klebstoff

Beschreibung: Die Kinder gehen zu zweit zusammen. Sie erhalten Bibeltext und Strichfiguren. Ein Kind liest einen Vers langsam vor, das andere versucht, eine oder mehrere passende Strichfiguren zu finden. Nach jedem Vers werden die Rollen getauscht. Die Strichfiguren können am Schluss aufgeklebt werden.
Im Anschluss kommen alle zusammen. Jede Gruppe legt ihren Text mit den Lege-Strichfiguren aus. Die Figuren gemeinsam betrachten. Einzelne Symbole aufgreifen und vertiefen: Warum wurden die Figuren gewählt? Welche Figuren passen besonders gut? Können sie uns helfen, den Bibeltext besser zu verstehen? Bei welchen Versen unterscheiden sich die gewählten Figuren stark? Warum?

Bibeltext: Hier ein Gruppenplakat mit vergrößertem Text gestalten, bei dem die Kinder paarweise einem Vers zugeordnet werden. Ausreichend Strichfiguren bereithalten.

Kompetenzen: Die Kinder können einem Bibeltext folgen. Sie können den Text mit Strichfiguren ergänzen und über ihre Wahl mit anderen ins Gespräch kommen.

•• Randnotizen / Bibeltext-Sprint / Band AT2: Lückenwörter

Hörspiel

Eine biblische Geschichte als Hörspiel inszenieren.

Material: 1 Hörspielmanuskript pro Kind, Stifte, Material für Geräusche oder fertige Aufnahmen, Mikrofon, Wiedergabegerät

Beschreibung: Der Bibeltext wird im Vorfeld in einen Sprechtext mit vielen Dialogen und wenig erklärenden Texten durch die Erzählerin oder den Erzähler umformuliert. Am besten wird ein kurzes Hörspielmanuskript erstellt, auf dem Platz für Markierungen und Anmerkungen ist.
Das Manuskript austeilen und mehrmals mit verteilten Rollen lesen. Die Aufgaben verteilen: Gruppe 1 liest die Rollen, Gruppe 2 entwickelt passende Geräusche. Die Vorbereitung erfolgt in den Gruppen. **Gruppe 1:** Die Stimmung des Textes besprechen, Fragen klären, die Personen herausarbeiten, das Sprechen üben. **Gruppe 2:** Geräusche entwickeln. Dazu achten die Kinder beim Lesen und Hören darauf, welche Geräusche in der Geschichte vorkommen. Wo spielt die Geschichte (Dorf, Stadt, See)? Werden Hintergrundstimmen, Wind, Tiere benötigt? Was passiert in der Handlung, gibt es z. B. Gegenstände / Personen / Tiere, die Geräusche machen? Einige passende Geräusche auswählen und mit Alltagsgegenständen dazu experimentieren. Die fertigen Geräusche im Manuskript eintragen und absprechen, wer wann welches Geräusch macht. – Die Gruppen treffen sich. Ein Mikrofon wird aufgestellt und an ein Wiedergabegerät (z. B. Smartphone) angeschlossen. Die Gruppen tauschen sich über ihre Vorbereitungen aus. Nach einem Probelauf wird das Hörspiel ein- bis zweimal aufgenommen. Das Hörspiel abspielen: Was ist gelungen? Wo könnte man noch verbessern?

Bibeltext: Gruppe 1: Beim Aufruhr darauf achten, dass sich Einzelstimmen und mehrstimmige Ausrufe abwechseln, z. B. Gesprächsfetzen und Einrufe aus der Menge („Was sagst du da?“, „Er hat einen Heiden mit in den Tempel genommen!“, „Er handelt gegen das Gesetz.“, „Holt den Halunken!“, „Abführen!“, „Verräter!“, „Das geschieht ihm recht!“). **Gruppe 2:** Fußgetrappel, Knallen der Tore, quietschende Kasernentüre, Geklirr von Ketten, Rüstungen und Schwertern.

Kompetenzen: Die Kinder kennen die Rollen eines Hörspiel-Sprechers und der Protagonisten und wissen, wie man ein einfaches Hörspiel aufnimmt. Sie können sich in die Rolle einer Figur versetzen und deren Text einüben und lesen. Sie können passende Geräusche finden, erproben und damit eine Erzählung untermalen.

•• Bibel-Live-Sendung / Bibel-Lese-Werkzeuge / Band NT1: Krempel-Kiste

Multiple Choice

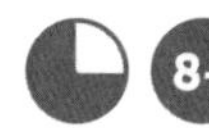  

Mit einem Auswahl-Verfahren Wissen abrufen oder Fragen und Antworten selbst erstellen.

Material: Stifte, DIN-A4-Papier, evtl. vorbereitete Multiple-Choice-Fragen

Beschreibung: Bei den Multiple-Choice-Fragen werden zu jeder Frage drei bis vier Antwortmöglichkeiten hinzugefügt, von denen eine die richtige (oder passendste) Antwort ist. Neben der zutreffenden Antwort werden falsche (oder weniger passende) Antworten genannt. Diese sollten nicht zu eindeutig als falsche Antworten zu erkennen sein.
Es gibt mehrere Möglichkeiten: **1.** Die Moderation erstellt die Multiple-Choice-Fragen, um inhaltliches Wissen abzufragen und zu vertiefen. **2.** Die Kinder erstellen Multiple-Choice-Antworten. Dazu gehen sie zu zweit zusammen. Jedes Team erhält eine Frage und denkt sich Antwortmöglichkeiten aus, von denen nur eine richtig ist. Sind die Kinder fertig, tauschen sie mit einem anderen Zweierteam. **3.** Die Kinder erstellen zu einem Inhalt sowohl Fragen als auch Antwortmöglichkeiten.

Bibeltext: Die Kinder erstellen Multiple-Choice-Antworten zu Fragen zur Geschichte: Was wird Paulus vorgeworfen? Was hört der Kommandant? Mit wie vielen Ketten wird Paulus gefesselt? Wohin wird Paulus gebracht?

Variante: Auch als Aufgabe auf einem Textblatt möglich oder als Gruppenspiel, bei dem jedes Kind die Zahlen 1 bis 3 erhält und die Zahl vor sich verdeckt auslegt, die es für die richtige oder beste Antwort hält.

Kompetenzen: Die Kinder kennen die Technik der Multiple-Choice-Fragen. Sie können sich an Inhalte erinnern und eine Frage durch ein Auswahl-Verfahren beantworten. Sie können selbst Fragen und/oder Antworten generieren.

•• Aktionskarten / Foto-Story / Band NT1: Fünf-Wort-Satz

APOSTELGESCHICHTE 27,1-44

Paulus auf dem Weg nach Rom. Schiffbruch

1 Als unsere Abreise nach Italien beschlossen war, übergab man Paulus und einige andere Gefangene einem Hauptmann namens Julius aus einem syrischen Regiment, das den Ehrennamen ‚Kaiserliches Regiment‘ trug. 2 Wir gingen an Bord eines Schiffes aus Adramyttion, das die Häfen an der Küste der Provinz Asien anlaufen sollte, und fuhren ab. Der Mazedonier Aristarch aus Thessalonich begleitete uns. [...] 8 [Wir] erreichten mit knapper Not einen Ort, der Kaloi Limenes (Guthäfen) heißt, nicht weit von der Stadt Lasäa. 9 Wir hatten inzwischen viel Zeit verloren. Das Herbstfasten war vorbei und die Schifffahrt wurde gefährlich. Deshalb warnte Paulus seine Bewacher. 10 „Ich sehe voraus“, sagte er, „dass eine Weiterfahrt zu großen Schwierigkeiten führen wird. Sie bringt nicht nur Ladung und Schiff in Gefahr, sondern auch das Leben der Menschen an Bord.“ 11 Aber der Hauptmann hörte mehr auf den Steuermann und den Kapitän als auf das, was Paulus sagte. 12 Außerdem war der Hafen zum Überwintern nicht sehr geeignet. So waren die meisten dafür, wieder in See zu stechen und zu versuchen, noch bis nach Phönix zu kommen. Dieser ebenfalls auf Kreta gelegene Hafen ist nach Westen hin offen und man konnte dort den Winter zubringen. 13 Als ein leichter Südwind einsetzte, nahmen die Seeleute es für ein günstiges Zeichen. Die Anker wurden gelichtet, und das Schiff segelte so dicht wie möglich an der Küste Kretas entlang. 14 Aber bald brach aus der Richtung der Insel ein Sturm los, der gefürchtete Nordost, 15 und riss das Schiff mit. Da es unmöglich war, Kurs zu halten, ließen wir uns einfach treiben. [...] 20 Tagelang zeigten sich weder Sonne noch Sterne am Himmel. Der Sturm ließ nicht nach, und so verloren wir am Ende jede Hoffnung auf Rettung. 21 Niemand wollte mehr etwas essen. Da erhob sich Paulus und sagte: „Ihr hättet auf meine Warnung hören und im Hafen bleiben sollen. Dann wäre uns dies erspart geblieben. 22 Doch jetzt bitte ich euch: Lasst den Mut nicht sinken! Alle werden am Leben bleiben, nur das Schiff geht verloren. 23 In der vergangenen Nacht erschien mir nämlich ein Engel des Gottes, dem ich gehöre und dem ich diene, 24 und sagte zu mir: ‚Hab keine Angst, Paulus! Du musst vor den Kaiser treten, und auch alle anderen, die mit dir auf dem Schiff sind, wird Gott deinetwegen retten.‘ 25 Also seid mutig, Männer! Ich vertraue Gott, dass alles so kommen wird, wie er es zu mir gesagt hat. 26 Wir werden an einer Insel stranden.“ [...] 35 Dann nahm Paulus ein Brot, sprach darüber vor allen ein Dankgebet, brach das Brot in Stücke und fing an zu essen. 36 Da bekamen sie alle wieder Mut und aßen ebenfalls. [...] 39 Bei Tagesanbruch sahen die Seeleute eine Küste, die ihnen unbekannt war. Doch entdeckten sie eine Bucht mit einem flachen Strand und wollten versuchen, das Schiff dort auf Grund zu setzen. 40 Sie kappten die Ankertaue, ließen die Anker im Meer zurück und machten zugleich die Steuerruder klar. Dann hissten sie das Vordersegel, und als das Schiff im Wind wieder Fahrt machte, hielten sie auf die Küste zu. 41 Sie liefen jedoch auf eine Sandbank auf. Der Bug rammte sich so fest ein, dass das Schiff nicht wieder flottzumachen war, und das Hinterdeck zerbrach unter der Wucht der Wellen. 42 Da beschlossen die Soldaten, alle Gefangenen zu töten, damit keiner durch Schwimmen entkommen könne. 43 Aber der Hauptmann wollte Paulus retten und verhinderte es. Er befahl den Schwimmern, sie sollten als Erste über Bord springen und das Land zu erreichen suchen; 44 die Übrigen sollten sich Planken und anderen Wrackteilen anvertrauen. So kamen alle unversehrt an Land.

Einführung

Paulus und seine Reisebegleiter Lukas und Aristarch befinden sich auf dem Mittelmeer, weil Paulus gefordert hat, dass sein Prozess vor dem Kaiser in Rom verhandelt wird. Als römischer Bürger hat er darauf ein Anrecht. Die Schifffahrt findet zu einer Jahreszeit statt, in der mit schlechtem Wetter und Stürmen zu rechnen ist. Sie kommen in einen schweren Sturm. Trotz der Gefahr bleibt Paulus umsichtig und setzt sein Vertrauen auf Gott. Die Mannschaft und alle 276 Passagiere erreichen das Land, wie Gott es ihm durch eine Engelserscheinung versprochen hat.

Rückengeschichte

Mit Berührungen erzählen, zuhören und dabei einer Geschichte emotional begegnen.

Material: Erzähltext

Beschreibung: Die Erzählerin / der Erzähler bereitet im Vorfeld eine Geschichte so vor, dass die Handlung mit Bewegungen von Händen und Fingern unterstützt werden kann. Die Kinder gehen zu zweit zusammen. Ein Kind sitzt hinter dem anderen Kind und „erzählt" mit den Händen auf dessen Rücken, das andere Kind nimmt die Bewegungen wahr und „hört" auf diese Weise der Geschichte zu. Als Sitzordnung eignet sich am besten der doppelte Halbkreis, da hier alle erzählenden Kinder die Moderation im Blick haben. Bleibt ein Kind übrig, macht die Moderation mit. Die Moderation bittet die erzählenden Kinder, die Hände aneinander zu reiben, damit sie warm werden. Die hörenden Kinder können die Augen schließen und Arme und Kopf auf die Knie legen. Danach führt die Moderation in die Geschichte ein. Das kann immer derselbe Anfang sein, z. B. „Heute wollen wir die Geschichte auf dem Rücken erzählen und spüren." Danach werden die Hände flach und ohne Druck auf den Rücken gelegt und ruhen dort, bis die Geschichte anfängt. Die Moderation macht die Bewegungen vor, die Kinder, die erzählen, machen sie nach. Die Rollen werden nach dem ersten Durchgang gewechselt. Nach dem zweiten Durchlauf der Geschichte den Kindern die Möglichkeit geben, sich spontan zu der Geschichte oder dem Erlebnis zu äußern.

Bibeltext: Das fahrende Schiff mit einem Finger über den Rücken führen, Handlung mit einfachen Bewegungen unterstützen. Beim Wetter mit verschiedenen Bewegungen und Stärken spielen, z. B. leichter und starker Wind (mit flacher Hand streichen, unterschiedlicher Druck), leichter Regen (zarte Bewegungen mit den Fingern), kleine und große Tropfen (einzelne Finger), Blitze (aufmalen oder gespreizte Fingerspitzen auf dem Rücken schnell zusammenführen).

Hinweis: Es kann vorkommen, dass ein Kind nicht berührt werden will. Das ist zu akzeptieren. Das erzählende Kind kann dann vor sich auf den Boden malen, das andere hört und sieht zu.

Kompetenzen: Die Kinder können eine Geschichte spüren und mit Händen ausdrücken. Sie können aufeinander achten und ihre Emotionen und Gedanken mitteilen.

•• Reise-Erzählung / Astfiguren / Band NT1: Schwungtuchgeschichte

Leporello

Mit einem Leporello erzählen oder ein solches Faltbuch gestalten.

Material: Bastelvorlage (s. Downloads) und entsprechendes Material; stabiles Papier, Bleistift, Schere, Lineal, Klebstoff, Stifte, evtl. weiteres Material (Fotos, Texte, Masking Tapes, Faltpapier)

Beschreibung: Ein Leporello kann vielfältig gestaltet und eingesetzt werden: **1.** Bilder zu einer Geschichte als Leporello zusammensetzen und damit die Geschichte erzählen. **2.** Die Kinder können in Gruppen oder in Einzelarbeit zu einer Geschichte Bilder malen, Sprüche/ Bibelverse oder Fotos aussuchen und diese als Leporello zusammensetzen (Anleitung s. Download).

Bibeltext: Mögliche Bilder zur Geschichte: Das Schiff im Hafen Kaloi Limenes, Paulus rät von der Weiterfahrt ab, der Sturm, die Engelserscheinung, Paulus spricht zu den Schiffsleuten, Paulus bricht das Brot, das Schiff auf der Sandbank, die glückliche Rettung.

Kompetenzen: Die Kinder kennen die Funktionsweise eines Leporellos. Sie können eine Geschichte in Bilder aufteilen und diese als Leporello gestalten.

•• Geschichten-SMS / Tagebucheintrag / Band NT1: W-Fragen-Kompass

Triangel

Bei schwierigen Aussagen die eigene Meinung vertreten oder nach dem Austausch mit anderen verändern.

Material: Kreppklebeband, Kreide oder 3 Seile, mit „Ja“, „Nein“, „Jein“ beschriftete DIN-A4-Blätter

Beschreibung: Kann in Kleingruppen oder in der Gesamtgruppe durchgeführt werden. Auf dem Boden des Raumes wird ein Dreieck mit Kreppklebeband aufgeklebt (auch Kreide oder Seile sind möglich). Je nach Anzahl der Kinder wird das Dreieck kleiner oder größer. Die Kinder setzen sich um das Dreieck herum. Die Seiten des Dreiecks werden mithilfe der Blätter benannt. „Ja“ bedeutet „Ich stimme der Aussage zu“, „Nein“ bedeutet „Das sehe ich nicht so“, „Jein“ als Wortkreuzung der beiden Wörter steht für „Ja, aber“ oder „Nein, aber“. Die Moderation nennt verschiedene Aussagen. Die Kinder setzen sich jeweils an die Seite des Dreiecks, die für ihre Haltung steht. Die Moderation hinterfragt die Positionen.

Bibeltext: Aussagen zur Geschichte: Gott sorgte sich um Paulus und die Mannschaft. Der Glaube garantiert mir, dass Gott auf mich aufpasst. Gott schickt denjenigen Menschen Engel, die keine Hoffnung mehr haben. Gott belohnt treue Menschen und hilft ihnen.

Kompetenzen: Die Kinder können Zustimmung, Ablehnung oder Zwischentöne formulieren. Sie können eigene und fremde Positionen reflektieren.

•• Anker / Lebenswelt-Box / Band AT1: Ampelmethode

APOSTELGESCHICHTE 28,1-10

Auf der Insel Malta

1 Nach unserer Rettung erfuhren wir, dass die Insel Malta hieß. 2 Die Eingeborenen – keine Griechen – waren überaus freundlich zu uns. Sie machten ein offenes Feuer und holten uns alle dorthin; denn es hatte angefangen zu regnen und es war kalt. 3 Paulus raffte ein Bündel Reisig zusammen und warf es in die Flammen. Da schoss eine Schlange heraus und biss sich an seiner Hand fest; die Hitze hatte sie aufgescheucht. 4 Die Eingeborenen sahen die Schlange an seiner Hand und sagten: „Der Mann muss ein Mörder sein: Aus dem Meer hat er sich gerettet, aber jetzt fordert die Rachegöttin sein Leben.“ 5 Doch Paulus schüttelte die Schlange ins Feuer und es geschah ihm nichts. 6 Die Leute warteten darauf, dass er langsam anschwellen oder plötzlich tot umfallen würde. Nachdem sie ihn aber eine Zeit lang beobachtet hatten und nichts dergleichen geschah, änderten sie ihre Meinung und sagten, er sei ein Gott. 7 In der Nähe der Stelle, an der wir uns befanden, hatte der Angesehenste unter den Leuten der Insel, Publius, seine Besitzungen. Er nahm uns freundlich auf und wir waren für drei Tage seine Gäste. 8 Sein Vater hatte die Ruhr und lag mit Fieber im Bett. Paulus ging zu ihm ins Zimmer, betete über ihm, legte ihm die Hände auf und machte ihn gesund. 9 Darauf kamen auch alle anderen Kranken der Insel und ließen sich heilen. 10 Sie überschütteten uns mit ehrenvollen Geschenken, und bei der Abfahrt brachten sie uns alles, was wir für die Reise brauchten.

Einführung

Auf Malta werden Paulus und die ganze Besatzung freundlich aufgenommen. An einem Feuer sollen sich die Schiffbrüchigen aufwärmen. Paulus packt mit an und wirft ein Bündel Reisig in die Flammen. Dabei wird er von einer Schlange gebissen. Für die Inselbevölkerung ist klar: Wer einen solchen Sturm überlebt und dann von einer Schlange gebissen wird, muss ein Mörder sein. Als Paulus nach einigem Abwarten nicht stirbt, halten sie ihn für einen Gott. Paulus und seine Begleiter wohnen bei Publius, einem angesehenen Mann auf der Insel. Paulus heilt mit Gottes Kraft dessen Vater und während der Überwinterung noch weitere Kranke. Als Dank erhalten sie Geschenke (oder auch ein Honorar) und werden für das letzte Stück der Reise ausgerüstet.

Malta: Insel im Mittelmeer, südlich von Italien.

Rachegöttin: Im Griechischen steht hier das Wort „dikē“, das sich von dem Begriff für Gerechtigkeit ableitet und in etwa mit „Strafgerechtigkeit“ übersetzt werden kann. Hier wohl personifiziert als Gottheit gedacht. Aus der Wortbedeutung wird deutlich, dass weniger eine blinde, zornige Rache gemeint ist als vielmehr eine gerechte Vergeltung für ein begangenes Unrecht. Ähnliches schlägt sich auch in der Vorstellung der griechischen Rachegöttin Nemesis nieder.

Lese-Emotionen

Einen Text durch spontane Ausrufe kommentieren.

Material: Bibeltext, Gefühlsausdrucks-Karten

Beschreibung: Bibeln oder ausgedruckte Bibeltexte austeilen. Wird die Methode zum ersten Mal eingeführt, suchen alle mithilfe von Gefühlsausdrucks-Karten („Emojis" oder „Gefühlskarten", Band AT1) passende Gefühlsäußerungen und spontane Ausrufe, z. B. „Oh nein" für ein Gefühl des Entsetzens, „Super" für Zustimmung, „Autsch/Aua" für Schmerz, „Arr, grrr" für Wut, „Juhu" für Freude, „Hä" für Unverständnis, „Wow" für Überraschung. Die Moderation liest den Bibelvers mit Pausen vor. Die Pausen werden entweder nach einem Vers oder einem Sinnabschnitt eingebaut, der Emotionen oder spontane Ausrufe provoziert. Die Kinder rufen eine passende Gefühlsäußerung. Sind die Reaktionen sehr unterschiedlich, kann direkt das Gespräch gesucht werden. Einzelne Kinder begründen ihre Wahl.

Bibeltext: Der Bibeltext ist eher unbekannt. Es kann hilfreich sein, die Methode zu wiederholen. Nach Vers 2.3.4.5.6.8.10 passen Pausen gut.

Tipp: Eine leicht zu lesende Einsteigerbibel ist z. B. Die Bibel – Übersetzung für Kinder, SCM R. Brockhaus, Witten, in Kooperation mit Deutsche Bibelgesellschaft, Stuttgart, und Bibellesebund Deutschland, Marienheide ^{3}2019. Sie verwendet kurze Sätze und einfache Wörter. Am Rand stehen hilfreiche Erklärungen.

Kompetenzen: Die Kinder können auf den Inhalt eines Bibeltextes achten. Sie können Emotionen und Empfindungen, die beim Lesen entstehen, wahrnehmen und mit ihrer Stimme zum Ausdruck bringen.

•• Astfiguren / Lege-Strichfiguren / Band NT1: Textstimmung

Bibel-Lese-Werkzeuge

Mithilfe von Werkzeugen biblische Texte erschließen und für sich deuten.

Material: Bastelvorlage (s. Downloads) und entsprechendes Material; Bibeln

Beschreibung: Die Kinder sitzen zu sechst im Kreis, die Werkzeuge liegen in einem Säckchen. Der Bibeltext wird abwechselnd vorgelesen. Danach beginnt ein Kind und greift in das Säckchen und zieht ein Werkzeug heraus. Es äußert sich mithilfe des Werkzeuges selbst zur Geschichte oder gibt einem anderen Kind die Möglichkeit, etwas zu sagen.
Symbole: **Hammer:** Was in dem Text begeistert dich? Was ist hammermäßig? **Säge:** Was aus dem Text könntest du herausschneiden, ohne dass sich die Handlung verändert? **Schraubenzieher:** Gibt es schwierige Begriffe, die du lösen musst, damit du den Text verstehst? **Schraubenschlüssel:** Gibt es eine Schlüsselszene im Bibeltext? Wer handelt darin? Was bewegt sich dadurch? **Lineal:** Welcher Vers ist dir wichtig? Zeige ihn mit dem Lineal oder unterstreiche ihn. **Feile:** Willst du etwas genauer bearbeiten? Sprich mit anderen darüber oder forsche selbst nach.

Bibeltext: Zu klären ist der Begriff „Rachegöttin". Auch enthält die Handlung zwei besondere Ereignisse: den Schlangenbiss bei der Ankunft des Paulus und die Heilung der Kranken während des Aufenthaltes auf Malta.

Kompetenzen: Die Kinder können mithilfe von Fragen Inhalte in einem Text entdecken. Sie können einander zuhören und gemeinsam zur Deutung des Textes beitragen.

•• Tagebucheintrag / Bibel-Live-Sendung / Band NT1: Bibel-Lese-Hand

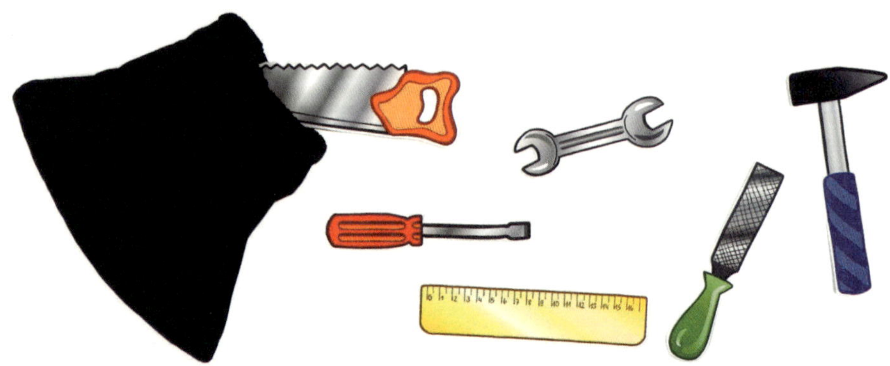

Chat-Box

Sich zu einem Thema schriftlich austauschen.

Material: Flipchart-Papier mit je 1 Frage / Kurzgeschichte / Cartoon zum Text, Klebezettel, 1 Stift pro Kind

Beschreibung: Als Chat-Box kann eine Ecke des Raumes dienen, in der ein Flipchart-Papier aufgehängt ist. Es können aber auch leere Wände oder Säulen genutzt werden. Mehrere solcher Chat-Boxen im Raum einrichten. Auf jedem Flipchart-Papier steht eine erste Frage oder eine spannende Aussage zu einer Geschichte oder einem Thema. Die Kinder werden beliebig zugeteilt. Um sich am jeweiligen Chat zu beteiligen, nehmen sich die Kinder mehrere Klebezettel und einen Stift. Anstelle eines Chat-Namens malen sie rechts oben auf den Klebezettel ein Symbol, das sie während der Methode für sich verwenden. Antworten sie auf eine Frage oder einen Beitrag, zeichnen sie einen Pfeil von dort nach unten und hängen ihren Klebezettel an das Pfeilende unter den jeweiligen Beitrag. Öffnen sie eine neue Frage oder ein neues Thema, wird der Pfeil weggelassen. Nach ca. 5 Minuten erfolgt ein akustisches Signal. Die Kinder dürfen die Chat-Box wechseln. – Die Moderation greift zum Schluss einige Beiträge auf, fragt nach, sortiert und kommentiert.

Bibeltext: Frage: Ob die Menschen in Malta Paulus heute genauso freundlich empfangen würden? Bibelvers: Römer 8,31 aushängen; Kurzgeschichte: Geschichte einer Heilung; Bildcomic: Cartoon-Figur vor Grab mit Sprechblase „Warum hast du das zugelassen, Gott?“

Kompetenzen: Die Kinder können eigene Meinungen und Gedanken aufschreiben. Sie können andere Sichtweisen kennenlernen.

•• Fragenpuzzle / Kreiselgespräch / Band AT2: Haltestelle

APOSTELGESCHICHTE 28,11-28

Von Malta nach Rom. Paulus in Rom

[11] Nach drei Monaten fuhren wir mit einem Schiff weiter, das in einem Hafen von Malta überwintert hatte. Es kam aus Alexandria und trug an seinem Bug als Schiffszeichen das Bild der Dioskuren. [12] Wir kamen nach Syrakus, wo wir drei Tage blieben. [13] Von dort ging es weiter nach Rhegion. Am Tag darauf kam Südwind auf und wir brauchten nur zwei Tage bis Puteoli. [14] In der Stadt fanden wir Christen, die uns einluden, eine Woche bei ihnen zu bleiben. Und dann kamen wir nach Rom. [15] Die Christen dort hatten von unserer Ankunft in Puteoli gehört und kamen uns bis Tres-Tabernae (Drei Tavernen) entgegen, einige sogar bis Forum Appii (Appiusmarkt). Als Paulus sie sah, dankte er Gott und wurde voller Zuversicht. [16] In Rom bekam Paulus die Erlaubnis, sich eine Privatunterkunft zu suchen. Er hatte nur einen Soldaten als Wache. [17] Nach drei Tagen lud er die führenden Juden der Stadt ein. Als sie alle versammelt waren, sagte er: „Liebe Brüder! Obwohl ich nichts gegen unser Volk oder das Gesetz unserer Vorfahren getan habe, wurde ich in Jerusalem festgenommen und an die Römer ausgeliefert. [18] Die Römer haben mich verhört und wollten mich freilassen, weil sie keinen Grund fanden, mich zum Tod zu verurteilen. [19] Doch weil die Juden dagegen protestierten, blieb mir nur der Ausweg, an den Kaiser zu appellieren. Ich hatte dabei aber nicht die Absicht, mein Volk anzuklagen. [20] Das wollte ich euch sagen und darum habe ich euch hergebeten. Ich bin gefangen, weil ich das verkünde, worauf ganz Israel hofft." [...] [23] So verabredeten sie sich für ein andermal. Am festgesetzten Tag kamen noch mehr von ihnen zu Paulus in seine Unterkunft. Er erklärte und bezeugte ihnen, dass Gott angefangen hat, seine Herrschaft aufzurichten. Er wies sie auf die Ankündigungen im Gesetz Moses und in den Schriften der Propheten hin, um sie für Jesus zu gewinnen – den ganzen Tag über, vom Morgen bis zum Abend. [24] Die einen ließen sich von seinen Worten überzeugen, die andern schenkten ihm keinen Glauben. [25] Sie konnten sich darüber nicht einig werden und so gingen sie weg. Paulus sagte noch zu ihnen: „Ich sehe, es ist wahr, was der Heilige Geist durch den Propheten Jesaja zu euren Vorfahren gesagt hat: [26] ‚Geh zu diesem Volk und sage: Hört nur zu, ihr versteht doch nichts; seht hin, so viel ihr wollt, ihr erkennt doch nichts! [27] Denn dieses Volk ist im Innersten verstockt. Sie halten sich die Ohren zu und schließen die Augen, damit sie nur ja nicht sehen, hören und begreifen, sagt Gott. Sonst würden sie zu mir umkehren und ich könnte sie heilen.'" [28] Paulus fügte hinzu: „Ich muss euch sagen, Gott hat dieses Heil jetzt den anderen Völkern angeboten. Und die werden hören!"

Einführung

In Rom gab es zu dieser Zeit bereits eine christliche Gemeinde, die Paulus zwar nicht selbst gegründet, der er aber von seinen Reisen bereits geschrieben hatte. Die Gemeinde stand vor einer großen Herausforderung: Judenchristinnen und Judenchristen wollten nicht mit nicht-jüdischen Christinnen und Christen in Verbindung gebracht werden. Das Judentum war in Rom eine erlaubte Religion und vom Kaiserkult befreit. Das entstehende Christentum wurde als Teil der jüdischen Bewegung wahrgenommen und vermied Konflikte mit der jüdischen Gemeinde, da unsicher war, wie die Behörden auf eine wachsende nichtjüdische Bewegung reagieren würden. In diese Situation kam Paulus und versuchte zunächst, die Führungspersonen der jüdischen Gemeinde für das Evangelium zu gewinnen. Paulus lebte in Rom in einer Art Hausarrest, konnte sich aber eine eigene Wohnung mieten. Trotz seiner Gefangenschaft verkündete Paulus zwei Jahre lang die Botschaft Gottes ungehindert in Rom. Er empfing in seiner Wohnung Besuch und schrieb Briefe an die christlichen Gemeinden. Lukas schließt seinen Bericht, ohne dass die Leserinnen und Leser erfahren, ob Paulus vor dem Kaiser erschien und wie sein Leben endete.

Astfiguren

Aus Ästen Figuren gestalten und damit Geschichten erleben oder selbst spielen.

Material: Bastelvorlage (s. Downloads) und entsprechendes Material; weitere Requisiten (hier: 1 blaues und 1 braunes Tuch als Meer und Festland, Boot, Häuser, Schriftrolle)

Beschreibung: Astfiguren können gut mit natürlichen Werkstoffen wie Sand, Erde, Filz, Baumwollstoffen, Naturwolle, Rinde, Moos und Astscheiben kombiniert werden. Spielmöglichkeiten: **1.** Im Vorfeld eine Kulisse aufbauen, Figuren einführen, positionieren und die Geschichte spielen. **2.** Mit einem noch leeren Bodentuch beginnen, die Geschichte nach und nach während des Erzählens aufbauen. **3.** Die Kinder bauen mit dem bereitstehenden Material, während die Geschichte erzählt wird. **4.** Die Kinder spielen und erzählen selbst. **5.** Die Kinder gestalten eigene Astfiguren und spielen zur Geschichte.

Bibeltext: Mit den Kindern einfache Astfiguren für Paulus und die Volksmenge gestalten, dazu ein Boot und mindestens zwei Häuser. Die Erzählerin / der Erzähler liest den Text, während die Kinder den letzten Teil von Paulus' Reise und seine Ankunft in Rom spielen.

Kompetenzen: Die Kinder können eine gespielte Geschichte erleben und die Handlung verstehen. Sie können mit den Figuren selbst eine Handlung entwickeln und spielen.

•• Erzählscheibe / Schreibstube / Band NT1: Geschichtenstraße

Tagebucheintrag

Wichtige Erlebnisse einer (biblischen Person) erfassen, entwickeln und aufschreiben.

Material: Bastelvorlage (s. Downloads) und entsprechendes Material; Stifte

Beschreibung: Es ist wichtig, dass die Kinder mit Form und Inhalt eines Tagebucheintrages vertraut gemacht werden. Dieser enthält wichtige Aussagen zum Erleben einer Person: Was war das für ein Tag (Jahr / Wetter / Tageszeit)? Was geschah an dem Tag? Welche Gefühle hat das ausgelöst? Es können auch Bilder gemalt oder eingeklebt werden.
Die Kinder gehen zu zweit zusammen. Sie erhalten Vorlage und Stifte. Dann versuchen sie, sich in eine biblische Person hineinzuversetzen: Was würde die Person am Ende des Tages wohl in ein Tagebuch schreiben? Sind die Kinder fertig, stellen sie einem anderen Kinderpaar ihren Tagebucheintrag vor und vergleichen ihre Ergebnisse. Solche Tagebucheinträge können auch über eine Geschichtenreihe hinweg erstellt und in einem Ordner gesammelt werden. In diesem Fall könnte jedes Kind einmal an die Reihe kommen. Auch als Reflexion eines Freizeittages, die jedes Kind für sich schreibt, geeignet.

Bibeltext: Ein Tagebucheintrag von Paulus in einer seiner Unterkünfte, z. B. nach Vers 14, Vers 22 oder Vers 28.

Kompetenzen: Die Kinder können sich in die Figuren einer biblischen Geschichte hineinversetzen, deren Gedanken erahnen und aufschreiben. Sie können einen Tag reflektieren und ihr Erleben notieren.

•• Geschichten-SMS / Anziehfiguren / Band AT1: Zeugnis

Fotobericht

Besondere Ausschnitte einer Gruppenstunde mit einer Kamera festhalten.

Material: Sofortbildkamera

Beschreibung: Die Kinder treffen sich in kleinen Gruppen. Sie tauschen sich über den Kindergottesdienst, die Unterrichts- oder Gruppenstunde aus. Sie überlegen sich, welche drei Momente oder Elemente ihnen an diesem Tag besonders gefallen haben oder wichtig waren. Ist eine Gruppe fertig, holt sie bei der Moderation eine Sofortbildkamera und macht Fotos, die die gewählten Momente nachstellen. – Die Fotos werden ausgelegt und können von den anderen Gruppen betrachtet und mit ihren Fotos verglichen werden.

Bibeltext: Die Kinder schauen sich in Dreiergruppen im Raum um und fotografieren, was ihnen gut gefallen hat. Die Fotos werden auf dem Boden ausgelegt. Dann kann mit allen verglichen werden. Wer hat dasselbe ausgesucht und warum? Was war daran so gut? Gibt es eine Tätigkeit, die nicht auftaucht? Warum ist das so? Wurde zuvor die Methode „Astfiguren“ und/oder „Tagebucheintrag“ durchgeführt, können z. B. die Ergebnisse dieser Methoden fotografiert werden. Mit den Figuren können auch besonders eindrückliche Szenen der Geschichte nachgestellt werden.

Hinweis: Bei dieser Methode ist wichtig, dass Bilder, Gegenstände, Spiele, Bastelergebnisse nach Gebrauch nicht direkt aufgeräumt werden, sondern im Raum sichtbar sind.

Kompetenzen: Die Kinder kennen den Gebrauch einer Sofortbildkamera. Sie können gemeinsam eine Gruppenstunde reflektieren und sich mit anderen einigen.

•• Verfremdung / Ziel-Linie / Band NT1: Videonachricht

1. KORINTHER 12,12-31A

Das Bild vom Körper und seinen Teilen

12 Der Körper des Menschen ist einer und besteht doch aus vielen Teilen. Aber all die vielen Teile gehören zusammen und bilden einen unteilbaren Organismus. So ist es auch mit Christus: mit der Gemeinde, die sein Leib ist. 13 Denn wir alle, Juden wie Griechen, Menschen im Sklavenstand wie Freie, sind in der Taufe durch denselben Geist in den einen Leib, in Christus, eingegliedert und auch alle mit demselben Geist erfüllt worden. 14 Ein Körper besteht nicht aus einem einzigen Teil, sondern aus vielen Teilen. 15 Wenn der Fuß erklärt: „Ich gehöre nicht zum Leib, weil ich nicht die Hand bin" – hört er damit auf, ein Teil des Körpers zu sein? 16 Oder wenn das Ohr erklärt: „Ich gehöre nicht zum Leib, weil ich nicht das Auge bin" – hört es damit auf, ein Teil des Körpers zu sein? 17 Wie könnte ein Mensch hören, wenn er nur aus Augen bestünde? Wie könnte er riechen, wenn er nur aus Ohren bestünde? 18 Nun aber hat Gott im Körper viele Teile geschaffen und hat jedem Teil seinen Platz zugewiesen, so wie er es gewollt hat. 19 Wenn alles nur ein einzelner Teil wäre, wo bliebe da der Leib? 20 Aber nun gibt es viele Teile, und alle gehören zu dem einen Leib. 21 Das Auge kann nicht zur Hand sagen: „Ich brauche dich nicht!" Und der Kopf kann nicht zu den Füßen sagen: „Ich brauche euch nicht!" 22 Gerade die Teile des Körpers, die schwächer scheinen, sind besonders wichtig. 23 Die Teile, die als unansehnlich gelten, kleiden wir mit besonderer Sorgfalt und die unanständigen mit besonderem Anstand. 24 Die edleren Teile haben das nicht nötig. Gott hat unseren Körper zu einem Ganzen zusammengefügt und hat dafür gesorgt, dass die geringeren Teile besonders geehrt werden. 25 Denn er wollte, dass es keine Uneinigkeit im Körper gibt, sondern jeder Teil sich um den anderen kümmert. 26 Wenn irgendein Teil des Körpers leidet, leiden alle anderen mit. Und wenn irgendein Teil geehrt wird, freuen sich alle anderen mit. 27 Ihr alle seid zusammen der Leib von Christus, und als Einzelne seid ihr Teile an diesem Leib. 28 So hat Gott in der Gemeinde allen ihre Aufgabe zugewiesen. Da gibt es erstens die Apostel, zweitens die, die prophetische Weisungen erteilen, drittens die, die zum Lehren befähigt sind. Dann kommen die, die Wunder tun oder heilen können, die Dienste oder Leitungsaufgaben übernehmen oder in unbekannten Sprachen reden. 29 Nicht alle sind Apostel, nicht alle erteilen prophetische Weisungen, nicht alle sind zum Lehren befähigt. Nicht alle können Wunder tun, 30 nicht alle Kranke heilen, nicht alle in unbekannten Sprachen reden, nicht alle diese Sprachen deuten. 31a Bemüht euch aber um die höheren Geistesgaben!

Einführung

Paulus schreibt an die von ihm gegründete Gemeinde in Korinth. Die Stadt war damals ein wichtiger und wohlhabender Handelsknotenpunkt zwischen Asien und Europa. Die Bevölkerung setzte sich aus Menschen mit sehr unterschiedlichen kulturellen Hintergründen zusammen: Es gab eine größere jüdische Gemeinde, daneben lebten Menschen aus dem Römischen Reich, Griechenland und dem Vorderen Orient in der Stadt. Entsprechend vielfältig war auch das religiöse Leben, es kam offenbar immer wieder zu Auseinandersetzungen über theologische, ethische und soziale Fragen. In dem Bild des Leibes, der trotz seiner vielen verschiedenen Teile letztlich doch ein harmonisches Ganzes bildet, in dem jeder Teil seinen Platz und seine unverzichtbare Aufgabe hat, bezieht sich Paulus ganz bewusst auf diese spannungsreiche Vielfalt in der korinthischen Gemeinde.

Geistesgabe: griechisch „charisma", bedeutet „Geschenk, Gnadengabe, Wohltat". Als Geistesgaben werden besondere, vom Heiligen Geist verliehene Fähigkeiten bezeichnet.

Knetgeschichte

Kurze Bibeltexte vorlesen und dazu mit Knetmaterial formen.

Material: Ton oder Knetmasse, Tischunterlagen, Bibeltext

Beschreibung: Für die Vorbereitung einen Bibeltext in kurze Abschnitte unterteilen. Die Kinder erhalten je eine Handvoll Ton oder Knetmasse. Sie sitzen an abgedeckten Tischen. Wenn die Kinder bereit sind, liest die Leitung den ersten Abschnitt der Geschichte langsam vor. Die Kinder erhalten ca. 3 Minuten Zeit, mit einem Teil ihrer Knetmasse zum Bibeltext zu gestalten. Nach 1 Minute den Text nochmals vorlesen. Die Kinder darauf aufmerksam machen, dass sie noch 1 Minute Zeit haben. Auf diese Art wird auch mit den nächsten Textabschnitten verfahren. Anschließend zeigen die Kinder einander ihre Werke. Was war den Kindern wichtig? Kommt etwas mehrmals vor? Kann man mit den modellierten Gegenständen den Bibeltext gemeinsam nacherzählen?

Bibeltext: Hier eignen sich die verschiedenen Körperteile, die im Text erwähnt werden (Fuß, Hand, Ohr, Auge, Kopf, Hand).

Variante: Die Methode „Knetfiguren“ (Band AT1), bei der das Modellieren und Nachgestalten einer bereits gehörten Geschichte oder eines Themas im Vordergrund steht.

Kompetenzen: Die Kinder können zuhören und schöpferisch ausdrücken, was sie anspricht und bewegt. Sie können mit anderen vergleichen und dabei feststellen, dass nicht alle von denselben Dingen angesprochen werden.

•• Lese-Bilder / Hausrats-Helfer / Band AT1: Knautsch-Dinger

Liegebilder

Mit Liegebildern kreativ Bibeltexte inszenieren und neue Zugänge ermöglichen.

Material: Smartphone, Tücher, Seil, Kreide, evtl. Leiter

Beschreibung: Die Kinder stellen auf dem Boden liegend gemeinsam eine Szene aus einer Geschichte dar. Bei einer großen Kindergruppe oder je nach Thema mehrere kleine Gruppen bilden. Es kann sinnvoll sein, im Vorfeld Rollen zu definieren: Wer ist Regie und gibt Anweisungen? Wer liegt oder sitzt auf dem Boden und setzt die Ideen um? Für die Umsetzung lassen sich Gegenstände aus dem Raum einbeziehen, Tücher, Seile oder auch Kreide, um weitere Inhalte hinzuzufügen. Auch Schriftzüge zu Themen sind möglich, indem die Kinder mit ihren Körpern die Buchstaben darstellen. Die Liegebilder können aus der Vogelperspektive mit dem Smartphone fotografiert oder gefilmt werden, dafür kommt eine Leiter zum Einsatz. Die Moderation greift die Liegebilder auf, vertieft und ermöglicht Perspektivwechsel, z. B. indem zwei Kinder Platz und Rolle tauschen.
Mithilfe dieser Technik kann Petrus, ohne unterzugehen, übers Wasser laufen oder Jesus in den Himmel aufsteigen. Es sind also auch Umsetzungen möglich, die stehend nicht realisierbar wären. Im Internet gibt es viele Ideen für den Bildaufbau.

Bibeltext: Zum Thema Körper großflächige Liegebilder gestalten. Beispiel: Ein Kopf wird durch vier bis fünf Kinder dargestellt, die in Kreisform auf dem Boden liegen. Weitere Kinder ergänzen Ohren, sitzen als Augen und Nase im Kreis oder bilden liegend einen gebogenen Mund. Haare durch Tücher oder Kreide darstellen. Den Inhalt des Textes anhand der Liegebilder wiederholen und vertiefen.

Kompetenzen: Die Kinder können sich kreativ mit einer Geschichte auseinandersetzen. Sie können eine neue Perspektive einnehmen und sich selbst in ein Bild einfügen.

•• Drahtfiguren / Vier Ecken / Band AT1: Triple-Memo

Blinzelrunde

Eigene Gedanken und Erfahrungen einbringen und von anderen hören.

Material: Fragen

Beschreibung: Eignet sich für den Austausch in der Gruppe. Die Moderation stellt eine erste offene Frage zu einer zuvor gehörten biblischen Geschichte oder zu einem Alltagsthema. Kinder, die antworten möchten, heben die Hand. Die Moderation blinzelt einem Kind zu. Hat das Kind eine Antwort gegeben, blinzelt es ein weiteres Kind an, das ebenfalls antworten möchte. Nach zwei bis drei Antworten stellt die Moderation die nächste Frage. Für die Blinzelrunde reichen zwei bis vier offene Fragen aus, über die auf diese Weise nachgedacht wird.

Bibeltext: Fragen: Wieso ist Paulus der Zusammenhalt so wichtig? Was passiert in einer Gruppe, wenn Einzelne meinen, sie seien besser oder schlechter? Was hilft dabei, dass alle sich willkommen und geachtet fühlen? Wieso ist es gut für eine Gruppe/Kirche, dass die Menschen so verschieden sind?

Kompetenzen: Die Kinder können ihre Sichtweise einbringen und ausdrücken. Sie können einander zuhören und im Gespräch aufeinander eingehen.

•• Fragenpuzzle / Foto-Story / Band NT1: Bibel-Gesprächs-Karten

1. KORINTHER 13,1-13

Nichts geht über die Liebe

1 Wenn ich die Sprachen aller Menschen spreche und sogar die Sprache der Engel, aber ich habe keine Liebe – dann bin ich doch nur ein dröhnender Gong oder eine lärmende Trommel. 2 Wenn ich prophetische Eingebungen habe und alle himmlischen Geheimnisse weiß und alle Erkenntnis besitze, wenn ich einen so starken Glauben habe, dass ich Berge versetzen kann, aber ich habe keine Liebe – dann bin ich nichts. 3 Und wenn ich all meinen Besitz verteile und den Tod in den Flammen auf mich nehme, aber ich habe keine Liebe – dann nützt es mir nichts. 4 Die Liebe ist geduldig und gütig. Die Liebe eifert nicht für den eigenen Standpunkt, sie prahlt nicht und spielt sich nicht auf. 5 Die Liebe nimmt sich keine Freiheiten heraus, sie sucht nicht den eigenen Vorteil. Sie lässt sich nicht zum Zorn reizen und trägt das Böse nicht nach. 6 Sie ist nicht schadenfroh, wenn anderen Unrecht geschieht, sondern freut sich mit, wenn jemand das Rechte tut. 7 Die Liebe gibt nie jemand auf, in jeder Lage vertraut und hofft sie für andere; alles erträgt sie mit großer Geduld. 8 Niemals wird die Liebe vergehen. Prophetische Eingebungen hören einmal auf, das Reden in Sprachen des Geistes verstummt, auch die Erkenntnis wird ein Ende nehmen. 9 Denn unser Erkennen ist Stückwerk, und unser prophetisches Reden ist Stückwerk. 10 Wenn sich die ganze Wahrheit enthüllen wird, ist es mit dem Stückwerk vorbei. 11 Einst, als ich noch ein Kind war, da redete ich wie ein Kind, ich fühlte und dachte wie ein Kind. Als ich dann aber erwachsen war, habe ich die kindlichen Vorstellungen abgelegt. 12 Jetzt sehen wir nur ein unklares Bild wie in einem trüben Spiegel; dann aber schauen wir Gott von Angesicht. Jetzt kennen wir Gott nur unvollkommen; dann aber werden wir Gott völlig kennen, so wie er uns jetzt schon kennt. 13 Auch wenn alles einmal aufhört – Glaube, Hoffnung und Liebe nicht. Diese drei werden immer bleiben; doch am höchsten steht die Liebe.

Einführung

Die Korinther sind reich beschenkt mit geistlichen Gaben, aber sie können mit diesen Gaben augenscheinlich nicht angemessen umgehen. Es gibt Streit darüber, welche Gaben denn die besten und wichtigsten seien. Die Gabe der Sprachenrede wird offenbar einseitig überbetont. Paulus pointiert: Alle Geistesgaben, aller Glaube, selbst die aufopferndste Tat ist nichts, wenn sie ohne Liebe geschieht. Die wahre Liebe drückt sich hingegen in den alltäglichen Beziehungen aus. Paulus stellt in Vers 4-8 die Liebe in ihrer höchsten Vollendung dar. Die Verse enthalten keine Imperative, Paulus stellt die Liebe vielmehr ihrem Wesen nach vor. Es klingt fast so, als wäre die Liebe eine Person, die handelt, wirkt, vertraut, hofft, erträgt. Viele nennen das Kapitel darum „Das Hohelied der Liebe". Die Liebe ist der Weg, nach dem Christinnen und Christen streben sollen.

Gong: Signalinstrument aus einer kreisrunden Metallplatte, das frei schwingend aufgehängt ist und mit einem Klöppel geschlagen wird.

Sprachenrede: wird durch den Heiligen Geist bewirkt. Meint das Reden in einer fremden Sprache, die die Person nicht gelernt hat, oder das Reden in ekstatischen Zuständen, das weder kognitiv gesteuert noch an Syntax oder Vokabular einer bestehenden Sprache gebunden ist.

Klang-Reise

Meditative Begegnung mit einem klangvollen Bibeltext.

Material: Instrumente wie Klangschale, Gong, Regenmacher, Glockenspiel, Klangspiel, Ocean Drum, Triangel, Zimbeln, Trommel; Sitzkissen

Beschreibung: Im Vorfeld den Bibeltext so aufbereiten, dass Inhalte und Wörter durch verschiedene Instrumente untermalt werden können.
Die Erzählerin / der Erzähler leitet durch die Klang-Reise. **1.** Instrumente und Text bereitlegen, Sitzkissen auslegen, dafür sorgen, dass von außen keine Störungen kommen. **2.** Die Kinder wählen eine gemütliche Sitz- oder Liegeposition, sie stellen die Füße fest auf den Boden und legen die Hände locker in den Schoß oder sie liegen auf dem Rücken, Beine etwas auseinander, die Arme neben dem Körper. Die Kinder ermutigen, gleichmäßig zu atmen und die Augen zu schließen. Warten, bis alle zur Ruhe gekommen sind. **3.** Den Bibeltext lesen, ihn mit Klängen untermalen. Auch die eigene Stimme ist ein wirkungsvolles Instrument. Sie kann, aber sollte nicht konstant mit Instrumenten hinterlegt werden. Genügend Pausen nach Worten oder Sätzen einzubauen, den Klängen die Möglichkeit geben, sich zu entfalten. **4.** Die Klangreise beenden. Die Kinder atmen tief ein und strecken sich. Sie öffnen die Augen und richten sich langsam auf. Sie erzählen, was sie beim Hören gefühlt und erlebt haben.

Bibeltext: Der Fokus der Umsetzung liegt auf Vers 1-8: Sprachbegabt, aber ohne Liebe (dröhnender Gong oder lärmende Trommel); Eingebungen und himmlische Geheimnisse (Regenmacher); Tod in Flammen (dunkle Töne); Liebe ist geduldig und gütig (langsame, helle Töne); Liebe eifert und prahlt nicht (lauter Gong, daneben gleichbleibend leisere und ruhige Töne); Liebe lässt sich nicht reizen (etwas lauter werden, bewusste Pause und wieder leiser werden); Liebe freut sich mit (Töne parallel spielen, z. B. Glockenspiel); Liebe hört niemals auf (Klangspiel).

Variante: Bei der „Klang-Geschichte“ (Band AT2) wird mit Klängen experimentiert und eine Geschichte mit einfachen Instrumenten untermalt.

Kompetenzen: Die Kinder können Inhalte auf verschiedene Weise hören und verarbeiten. Sie können ihre Emotionen und Gedanken wahrnehmen und sich in der Gruppe über das Erlebte austauschen.

•• Sprech-Motette / Lese-Rolle / Band AT2: Gerahmte Worte

Handlettering

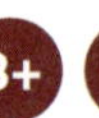

Mit Buchstabenkunst einen Bibelvers, Spruch, Slogan kreativ umsetzen.

Material: Bastelvorlage (s. Downloads) und entsprechendes Material; glattes stabiles Papier, Bleistifte, Lineale, Radiergummis, Fineliner, Filzstifte in verschiedenen Stärken, Brushpens, Tusche und Federn

Beschreibung: Die Kinder in Handlettering und Material einführen. **1.** Die Kinder machen sich zunächst mit der Technik vertraut und probieren verschiedene Stifte und Gestaltungen aus. **2.** Dann zeichnen sie mit Bleistift einen Entwurf ihres gewählten Verses oder Spruches. Hier können auch Vorlagen zu einem Teilvers zum Einsatz kommen, um daran weiterzuarbeiten. Oder es werden fertige Schriftzüge zur Inspiration ausgelegt. **3.** Die Schriften mit einem feinen Stift nachziehen und einfarbig oder mit verschiedenen Farben ausfüllen. **4.** Mit Schmuckelementen ergänzen.

Bibeltext: Die Vorlage austeilen. Die Kinder gestalten einen Teilvers, indem sie anhand des Bibeltextes die Worte „Die Liebe … " vervollständigen.

Tipps: Bibel-Lettering Ideenbuch, SCM Verlag, Holzgerlingen ^{3}2019; Stahl, Anna-Katharina: Bibel kreativ. Handlettering und Schmuckelemente – Übungsbuch, Katholisches Bibelwerk, Stuttgart 2020; Frau Annika: Handlettering. Das große Buch der Schmuckelemente, Frech, Stuttgart 2021.

Kompetenzen: Die Kinder können einen für sie wertvollen Vers oder Spruch auswählen. Sie können die Wörter mit verschiedenen Schriften kreativ umsetzen und den Vers passend zum Inhalt verzieren.

•• Themen-Plakat / Assemblage / Band AT2: Bible-Art-Journaling

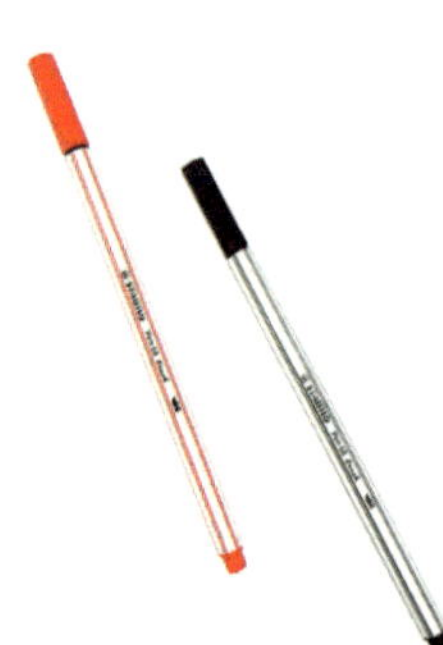

Portraits

Sich mit Fotos von Gesichtern zu einem Inhalt oder einer Frage äußern.

Material: Portrait-Fotos (Kalender, Werbung, Internet), Klebeband, Scheren, evtl. Schachtel, Drucker

Beschreibung: Fotos von Gesichtern haben hohe Identifikationskraft. Bei dieser Methode werden verschiedene Portraits von Menschen ausgehängt. Entweder sie werden aus Zeitschriften oder Kalendern ausgeschnitten und über einen längeren Zeitraum hinweg in einer Schachtel gesammelt. Oder sie werden im Internet gesucht und ausgedruckt. Dabei ist wichtig, dass die Gesichter unterschiedliche Stimmungen zeigen.
Die Portrait-Fotos werden auf dem Boden ausgelegt. Die Kinder betrachten die verschiedenen Fotos und positionieren sich je nach Frage. Zwei Möglichkeiten: **1.** Mit Anbindung an die Geschichte: Welche Gesichter passen zum Thema? **2.** Persönlicher Zugang: Welches Foto entspricht der eigenen momentanen Stimmung? Die Moderation lässt freiwillige Kinder ihre Wahl begründen.

Bibeltext: Welches Foto steht für Liebe, Lieben oder Sich-Geliebt-Fühlen?

Kompetenzen: Die Kinder können Stimmungen auf Fotos erkennen, mit einer Geschichte verbinden und ihre Wahl begründen. Sie können andere Gedanken hören und mit eigenen Einschätzungen vergleichen.

•• Aktionskarten / Blinzelrunde / Band AT2: Bildvorstellung

EPHESER 6,10-17

Die Waffen Gottes

10 Noch ein letztes Wort: Werdet stark durch die Verbindung mit dem Herrn! Lasst euch stärken von seiner Kraft! 11 Legt die Waffen an, die Gott euch gibt, dann können euch die Schliche des Teufels nichts anhaben. 12 Denn wir kämpfen nicht gegen Menschen. Wir kämpfen gegen unsichtbare Mächte und Gewalten, gegen die bösen Geister, die diese finstere Welt beherrschen. 13 Darum greift zu den Waffen Gottes! Wenn dann der schlimme Tag kommt, könnt ihr Widerstand leisten, jeden Feind niederkämpfen und siegreich das Feld behaupten. 14 Seid also bereit! Legt die Wahrheit als Gürtel um und die Gerechtigkeit als Panzer an. 15 Bekleidet euch an den Füßen mit der Bereitschaft, die Gute Nachricht vom Frieden mit Gott zu verkünden. 16 Vor allem haltet das Vertrauen auf Gott als Schild vor euch, mit dem ihr alle Brandpfeile des Satans abfangen könnt. 17 Die Gewissheit eurer Rettung sei euer Helm und das Wort Gottes das Schwert, das der Geist euch gibt.

Einführung

Der Brief an die Epheser wird vermutlich als Rundschreiben an eine Gruppe von Gemeinden in der heutigen Westtürkei geschickt. Im letzten Kapitel greift Paulus das Bild eines römischen Soldaten auf: Der Gürtel eines Soldaten hält die Tunika und den Mantel über den Hüften zusammen. Der Brustpanzer aus Metall bedeckt den Rumpf bis zu den Oberschenkeln. An ihm prallten die Pfeile oder Hiebe des Feindes ab. Zur Zeit von Paulus sind die Soldaten hauptsächlich zu Fuß unterwegs. Wenn das Schuhwerk stimmt, können sie zwischen 30 und 40 Kilometer am Tag zurücklegen. Die Soldaten tragen dazu robuste Sandalen, damit ihre Füße bei den harten Märschen und in kriegerischen Auseinandersetzungen geschützt sind. Der gewölbte Schild bedeckt fast den ganzen Körper. Er besteht aus drei aufeinandergeklebten Holzschichten und ist am Rand mit Metall eingefasst. In der Mitte schützt ein Schildbuckel den Griff. Der Schild ist mit Leder oder Leinen bespannt und wird vor dem Kampf in Wasser getaucht. So können dem Soldaten selbst brennende Pfeile nichts anhaben. Unter Beschuss verbirgt sich der Soldat vollständig hinter dem Schild, indem er sich auf den Boden setzt. Der Helm besteht aus Messing oder Bronze. Das Kurzschwert kommt im Nahkampf zum Einsatz. Wie ein Soldat gut gerüstet in den Kampf zieht, sind auch die Christinnen und Christen von Gott für den Kampf ausgerüstet. Sie kämpfen jedoch nicht gegen Menschen, sondern gegen unsichtbare Mächte und Gewalten. Sich an Gerechtigkeit und Wahrheit zu halten, den Frieden Gottes zu verbreiten, auf Gott zu vertrauen, der eigenen Rettung gewiss und verankert zu sein in Gottes Wort sind die richtigen Waffen, um siegreich aus diesen Kämpfen hervorzugehen. Paulus schließt mit einem eindringlichen Aufruf zum Gebet (V. 18-20).

Böser Geist: dämonische Macht, die Menschen völlig in Besitz nimmt.

Teufel: Feind Gottes und der Menschen, versucht, Gottes Werk zu zerstören.

Schreibstube

Die Schreibstube bietet Aufgaben und Rätsel, um Autoren und ihre Texte zu entdecken.

Material: Tische, Stühle, Regal mit Bibeln und Lexika, Schreibmaterial (Federn, Tintenfass, Pergamentpapier), Tontafeln (ausgewellte Knetmasse in Kartondeckel oder auf Papptellern, Eis-Stiele als Spatel), Tafeln mit Kreide; ausgedruckte Bibeltexte, Scheren, Buchstabenschlüssel Griechisch – Deutsch, Papier, Stifte, Landkarten zur jeweiligen Region; Aufgabenbeschreibungen

Beschreibung: Die Methode eignet sich für (biblische) Geschichten, in denen Texte aufgeschrieben oder Worte weitergegeben werden. Im Vorfeld mit einfachen Requisiten eine Schreibstube aufbauen, passend zum Text drei bis vier Aufgaben entwickeln und das Material zusammensuchen. Mögliche Aufgaben: **1.** Alte Schriftstücke zusammensetzen und mit Originalen vergleichen. Dazu zwei bis drei Verse des Bibeltextes in ein Dokument einfügen, vergrößern und doppelt ausdrucken. Einzelne Wörter aus jedem der Verse ausschneiden und in Silben trennen. Die Kinder haben die Aufgabe, Wortsilben zu Wörtern zusammenzusetzen und zu schauen, in welchem Vers sie vorkommen. **2.** Übersetzungsaufgaben. Einzelne Wörter vom Griechischen ins Deutsche übersetzen. Hier kann die Schriftart „Symbol" genutzt werden. Ein Buchstabenschlüssel hilft beim Übersetzen. **3.** Abschreibeübungen: Verse auf Ton (AT) oder mit Federn auf Pergamentpapier schreiben (NT). **4.** Umfeld der Schreiberin / des Schreibers: Auf Landkarten Orte suchen, in einem Lexikon Begriffe nachschlagen oder Skizzen anfertigen.
Die Kinder gehen in Gruppen von bis zu vier Kindern zusammen. Sie untersuchen die Schreibstube. Nach einer Zeit kommen alle zusammen und teilen ihre Eindrücke und Entdeckungen: Was ist das für ein Raum? Welche Informationen wurden gefunden? Wer hat was aufgeschrieben? – Zum Schluss wird der Bibeltext am Stück vorlesen.

Bibeltext: Aus den oberen Aufgaben aussuchen. Bei Punkt 2 die Teile der Waffenrüstung mit einem Buchstabenschlüssel übersetzen. Bei Punkt 4 einfache Skizzen zur römischen Rüstung zeichnen lassen oder verschiedene Offiziersränge und Aufgaben im Römischen Reich recherchieren.

Kompetenzen: Die Kinder können sich in einer vorbereiteten Umgebung zurechtfinden. Sie können sich mithilfe verschiedener Rätsel und Aufgaben informieren, ausprobieren und über ihre Entdeckungen ins Gespräch kommen.

•• Knetgeschichte / Bilderblitz / Band AT1: Info-Point

Anziehfiguren

Figuren mit selbst gestalteten Kleidungsstücken verkleiden und damit spielen.

Material: Bastelvorlage (s. Downloads) und entsprechendes Material; Pappe, stabiles Papier, Stifte, Scheren, Klebstoff

Beschreibung: Anziehfiguren können Kindern viel Freude machen. Sie können Figuren zu einer Geschichte aussuchen, sie bekleiden und damit eine biblische Geschichte nachspielen oder eigene Geschichten erfinden.
Arbeitsschritte: **1.** Die Figuren ausdrucken, auf Pappe kleben und ausschneiden. **2.** Die Kleidungsstücke (hier die Waffenrüstung) auf stabilem Papier ausdrucken und ebenfalls ausschneiden. Dabei darauf achten, dass die Ecken zum Umknicken mit ausgeschnitten werden. Eigene Kleidungsstücke werden entworfen, indem die Figur auf ein stabiles Papier gelegt und dann ein Kleid um die Figur herum gezeichnet, koloriert und ausgeschnitten wird. Wichtig sind auch hier Ecken zum Umknicken, z. B. an den Schultern, um die Hüfte und an den Beinen. **3.** Nun sind die Figuren einsatzfähig. Die Kinder können die Figuren anziehen, indem sie die Ecken um die Figur biegen und damit spielen.

Bibeltext: Jedes Kind erstellt einen römischen Soldaten als Anziehfigur.

Kompetenzen: Die Kinder können Figuren genau ausschneiden. Sie können eigene Figuren und Kleider entwerfen, gestalten und einsetzen.

•• Themen-Plakat / Lernschachtel / Band AT1: Miniaturmodell

Lebenswelt-Box

Über alltägliche Gegenstände und Bilder miteinander ins Gespräch kommen.

Material: große Box aus Holz oder Karton, Alltagsgegenstände und Bilder aus der Lebenswelt der Kinder (Schule, Familie, Kinderzimmer, Spielplatz, Verein), hier: DIN-A4-Papier, Stifte

Beschreibung: In die Box kommen Gegenstände aus dem Alltag der Kinder, z. B. Stifte, Uhr, Bauklötze, Trinkflasche, Teddybär, CD ...
Die gefüllte Box in die Mitte stellen. Die Kinder suchen zu einer Geschichte / einem Thema je einen Gegenstand aus, der mit der Geschichte verknüpft werden kann. Dabei können folgende Fragen helfen: Wo hat die Geschichte einen Platz in eurem Leben? Wo und wann könntet ihr euch in eurem Alltag an die Geschichte erinnern. Wobei kann euch die Geschichte weiterhelfen?

Bibeltext: Die im Text genannten „Waffen" jeweils auf ein DIN-A4-Papier schreiben und auslegen. Die Kinder legen Gegenstände aus der Box dazu und erklären ihre Wahl.

Variante: Die „Krimskrams-Kiste" (Band AT1), mit der anhand alltäglicher Dinge über Gottesvorstellungen nachgedacht wird.

Kompetenzen: Die Kinder können Material fantasievoll einsetzen. Sie können ihre Vorstellungen mitteilen und dabei religiöse Sprache einbeziehen.

•• Marktplatz / Ja-Nein-Stuhl / Band AT1: Globetrotter

PHILIPPER 2,5-11

Der Weg, den Christus ging, als Maßstab

5 Habt im Umgang miteinander stets vor Augen, was für einen Maßstab Jesus Christus gesetzt hat: 6 Er war in allem Gott
gleich, und doch hielt er nicht gierig daran fest, so wie Gott
zu sein. 7 Er gab alle seine Vorrechte auf und wurde einem
Sklaven gleich. Er wurde ein Mensch in dieser Welt und teilte
das Leben der Menschen. 8 Im Gehorsam gegen Gott erniedrigte er sich so tief, dass er sogar den Tod auf sich nahm, ja,
den Verbrechertod am Kreuz. 9 Darum hat Gott ihn auch erhöht und ihm den Rang und Namen verliehen, der ihn hoch
über alle stellt. 10 Vor Jesus müssen alle auf die Knie fallen –
alle, die im Himmel sind, auf der Erde und unter der
Erde; 11 alle müssen feierlich bekennen: „Jesus Christus ist
der Herr!" Und so wird Gott, der Vater, geehrt.

Einführung

Während Paulus als Gefangener auf seine Verhandlung wartet, schreibt er mit Timotheus den Christinnen und Christen in Philippi einen Brief. Sie nehmen in seinem Herzen einen besonderen Platz ein, sind sie doch die erste Gemeinde, die Paulus mit seinen Begleitern Lukas, Silas und Timotheus in Europa gegründet hat (Apg 16). Der Grundton des Briefes ist fröhlich. Die Beziehungen der Gemeindeglieder sind herzlich und aufbauend, doch sie scheinen nicht immer an einem Strang zu ziehen. In Kapitel 2 ermutigt Paulus die Christinnen und Christen zu noch größerer Liebe und Einheit. Er verweist auf das Leben von Jesus Christus und zitiert in den Versen 6-11 ein frühchristliches Lied. Die erste Strophe spricht von der Herrlichkeit und Größe Jesu vor seiner Menschwerdung (V. 6). In der zweiten Strophe wird die Selbsterniedrigung Jesu beschrieben, der sich entäußerte, gemäß einem Sklaven handelte und Mensch wurde (V. 7). Die dritte Strophe beschreibt seinen Weg in die Tiefe, seinen Gehorsam bis zum Kreuz (V. 8). Die weiteren drei Strophen (V. 9-11) sprechen von seiner Erhöhung in Auferstehung und Himmelfahrt und seiner Autorität über die ganze Schöpfung. Das Leben Jesu soll die Christinnen und Christen in Philippi ermutigen, nicht nur an den eigenen Vorteil zu denken, sondern auf das, was anderen dient, zu schauen (V. 4).

„Jesus Christus ist der Herr": gilt als das kürzeste frühchristliche Bekenntnis und zeigt Jesus als Gott gleichgestellt. Da im Römischen Reich der Kaiser als „kyrios", „Herr", bezeichnet wurde, war dieses Bekenntnis zugleich auch eine politische Stellungnahme gegen den Kaiserkult.

Textpuzzle

Einen Text aus mehreren Teilen zusammensetzen und lesen.

Material: 1 ausgedruckter Bibeltext pro Zweierteam (die Texte sollten für alle Kinder identisch sein; hier: Bastelvorlage (s. Downloads) und entsprechendes Material), als Puzzle zerschnitten

Beschreibung: Der Bibeltext wird im Vorfeld am Computer mit einem Textprogramm verarbeitet. Es gibt zwei Möglichkeiten: **1.** Den Bibeltext im Programm einfügen und so vergrößern, dass der Text die gesamte Seite umfasst. Den Text drucken und in ungefähr gleich große Teile auseinanderschneiden. **2.** Den Bibeltext in Abschnitten untereinanderschreiben, die Streifen nach dem Drucken auseinanderschneiden und mischen. Hier bei älteren Kindern die Versbezeichnung weglassen.
Die Kinder gehen zu zweit zusammen. Sie erhalten das Textpuzzle und setzen es richtig zusammen. Sie lesen sich den Text gegenseitig vor. Die Moderation lässt die Kinder danach den Inhalt mündlich zusammenfassen.

Bibeltext: Es eignet sich Variante 2. Die Verse mit in die Auseinandersetzung nehmen. Insbesondere die verschiedenen Attribute, die Jesus zugeschrieben werden, müssen evtl. erklärt werden.

Kompetenzen: Die Kinder können Textausschnitte richtig zusammensetzen. Sie können den Bibeltext lesen und die Handlung verstehen.

•• Bibel-Lern-Duett / Bibel-Lese-Fächer / Band AT2: Silbenlesen

PHILIPPER 2,5-11

5 Habt im Umgang miteinander stets vor Augen, was für einen
Maßstab Jesus Christus gesetzt hat: 6 Er war in allem Gott
gleich, und doch hielt er nicht gierig daran fest, so wie Gott zu
sein. 7 Er gab alle seine Vorrechte auf und wurde einem
Sklaven gleich. Er wurde ein Mensch in dieser Welt und teilte
das Leben der Menschen. 8 Im Gehorsam gegen Gott
erniedrigte er sich so tief, dass er sogar den Tod auf sich
nahm, ja, den Verbrechertod am Kreuz. 9 Darum hat Gott ihn
auch erhöht und ihm den Rang und Namen verliehen, der ihn
hoch über alle stellt. 10 Vor Jesus müssen alle auf die Knie
fallen – alle, die im Himmel sind, auf der Erde und unter der
Erde; 11 alle müssen feierlich bekennen: „Jesus Christus ist
der Herr!" Und so wird Gott, der Vater, geehrt.

Visualisierung

Komplexe Inhalte grafisch oder plastisch ergänzen und damit greifbar machen.

Material: Stellwand/Tafel, Flipchart-Papier, Stifte und Magnete/Pinn-Nadeln, alternativ passende Gegenstände, evtl. Cartoons/Karikaturen zum Text; hier: Stifte, stabiles Papier, Klebestreifen, 2 Leitern

Beschreibung: Eignet sich für Bibeltexte, die abstrakt sind oder eine komplexe Handlung haben. Dabei dient die Visualisierung dazu, den Text zu unterstützen. In der Vorbereitung muss entschieden werden, welche Art der Visualisierung sich für den Bibeltext eignet: Soll der Bibeltext mit Strichfiguren und einfachen Bildern ergänzt und veranschaulicht werden? Eignen sich Cartoons/Karikaturen oder Farbe und Symbole? Soll die Visualisierung mit Hilfe von Zeichnungen und Papiervorlagen an einer Tafel/Stellwand erfolgen oder gegenständlich sein?
Es gibt verschiedene Möglichkeiten: **1.** Die Leitung vermittelt einen Inhalt, indem sie ihn visualisiert. **2.** Visualisierungen können auf Entdeckeraufträgen und Arbeitsblättern eingesetzt werden. Durch die Zusammenstellung von Text und Bild wird ein Inhalt leichter erfasst und verstanden. **3.** Die Leitung bezieht die Kinder in die Visualisierung ein und greift ihre Erfahrungen und Ideen auf. Dabei kann Vers für Vers oder abschnittsweise vorgegangen werden. Die wichtigste Regel dabei: Nur das Wichtigste wird visualisiert.

Bibeltext: Wurde die Methode „Textpuzzle" durchgeführt, zeichnen die Kinder zu den einzelnen Versen passende, einfache Symbolbilder. Für die Visualisierung zwei Leitern aufstellen. Ein Kind nimmt Klebestreifen mit und setzt sich auf die höchste Sprosse der linken Leiter. Es steigt passend zu Vers 6-8 immer eine Stufe tiefer. Die anderen Kinder reichen passende Symbolbilder und das Kind klebt diese auf die äußere Seite der Leiter. Bei Vers 9-11 geht es die Sprossen der andere Leiter wieder hinauf. Auch hier bringt es die Symbolbilder an. Danach den Kindern, die das möchten, Zeit geben, den Weg von Jesus nachzuempfinden und dazu die Leiter zu besteigen.

Kompetenzen: Die Kinder können einen Inhalt durch optische Hervorhebung und Bilder aufnehmen und verstehen. Sie können Texte und Zusammenhänge mit Anleitung durch Bilder/Grafiken ergänzen und begreifen.

•• Wörter-Batch / Handlettering / Band AT1: Overlay-Technik

Stiller Spaziergang

Im Gehen still werden, wahrnehmen, nachdenken, fragen.

Material: Material aus einer vorherigen Methode, Zettel, Stifte

Beschreibung: Diese Methode schließt sich an eine vorangegangene Methode an. Etwa als Spaziergang im Raum oder verteilt auf mehrere Räume, z. B. nach einer Projektarbeit oder Ausstellung. Die Kinder gehen im Raum umher und betrachten Gegenstände, Arbeitsergebnisse, Plakate. Sie notieren sich Fragen oder etwas, das sie allen mitteilen möchten. Im anschließenden Gespräch können Fragen und Gedanken der Kinder aufgegriffen werden.

Bibeltext: Wurde mit der „Visualisierung" gearbeitet, notieren die Kinder sich beim Spaziergang das Symbol / die Sprosse, zu dem/der sie noch Fragen haben oder einen Gedanken mitteilen möchten.

Variante: Mit den Kindern einen Spaziergang außerhalb des Gruppenraumes machen. Die Kinder reden auf der ersten Hälfte nicht miteinander, sondern nehmen sich Zeit zum Nachdenken oder für stille Gebete. Auf dem Rückweg darf geredet werden.

Kompetenzen: Die Kinder können Gegenstände, Plakate, Ergebnisse oder Kunstwerke betrachten. Sie können sich darauf einlassen, ihre Fragen und Gedanken notieren und diese der Gruppe mitteilen.

•• Liturgische Handlung / Multi-Klemmer / Band NT1: Goldener Vers

PHILIPPER 3,12-16

Wir sind noch nicht am Ziel!

[12] Ich meine nicht, dass ich schon vollkommen bin und das
Ziel erreicht habe. Ich laufe aber auf das Ziel zu, um es zu er-
greifen, nachdem Jesus Christus von mir Besitz ergriffen
hat. [13] Ich bilde mir nicht ein, Brüder und Schwestern,
dass ich es schon geschafft habe. Aber die Entscheidung ist
gefallen! Ich lasse alles hinter mir und sehe nur noch, was
vor mir liegt. [14] Ich halte geradewegs auf das Ziel zu, um
den Siegespreis zu gewinnen. Dieser Preis ist das ewige Leben, zu dem Gott mich durch Jesus Christus berufen
hat. [15] So wollen wir denken – wenn wir uns zu den „Voll-
kommenen" zählen. Wenn ihr in irgendeiner Einzelheit anderer Meinung seid, wird euch Gott auch das noch
offenbaren. [16] Aber lasst uns auf jeden Fall auf dem Weg bleiben, den wir als richtig erkannt haben.

Einführung

Paulus schreibt über seine Beziehung zu Christus und seine Lebensführung. Er wurde einst von Jesus Christus ergriffen (Apg 9,1-17a), gleichzeitig bekennt er seine Unvollkommenheit. Noch ist er nicht am Ziel, aber er läuft auf das Ziel zu. Die griechische Verbform „teteleiōmai" (V. 12, hier übersetzt mit „dass ich [...] vollkommen bin") ist verwandt mit dem Wort „telos", „Ende/Ziel", und kann auch übersetzt werden mit „vollendet sein". Zur Veranschaulichung gebraucht Paulus ein Bild aus dem sportlichen Wettkampf. Wie bei einem Rennen möchte er auf das Ziel zuhalten. Dabei schaut er nicht zurück und lässt sich nicht ablenken. Er behält das Ziel fest vor Augen und bewegt sich ausdauernd und mit vollem Einsatz auf das Ziel zu. Das tut er, weil er den Siegespreis gewinnen will. Paulus beschreibt diesen Preis als Teilhabe an der himmlischen Welt, zu der er durch Jesus Christus berufen ist. Nun wendet sich Paulus an die Gemeindeglieder. Er fordert diejenigen, die in Christus „vollkommen" sein wollen oder sich dafür halten, heraus, es ihm gleichzutun und so wie er an dem festzuhalten, was sie als richtig erkannt haben.

Bibeltext-Sprint

Inhalte mit Begriffen, Bildern und Aktionen kombinieren und schnell reagieren.

Material: Begriffe, Bilder oder Aussagen eines Bibeltexts (hier: 1 Zielfahne, verschiedene Hindernisse, DIN-A4-Blätter mit den Buchstaben E, W, I, G, E, S, L, E, B, E, N einzeln aufgedruckt, Mannschaftsband mit dem Wort „vollkommen“, Wegweiser mit Beschriftung „ewiges Leben“), Bibel, Klebeband, Glocke

Beschreibung: Für den Sprint braucht es einen ausreichend großen Raum. Im Vorfeld werden markante Begriffe, Bilder oder Aussagen eines Bibeltexts herausgesucht. Die Begriffe als Wörter oder Symbole aufschreiben und im Raum aufhängen oder passende Aktionsmöglichkeiten aufstellen.
Die Kinder hören den Bibeltext Vers für Vers oder abschnittsweise. Sobald die Vorleserin / der Vorleser abbricht, suchen sie nach dem zuvor gehörten und betonten Begriff. Wenn sie den Begriff oder ein passendes Symbol sehen, laufen sie schnell dorthin. Auch kleine Aktionen können eingebaut werden. Auf diese Weise kombinieren die Kinder das Gehörte mit Elementen im Raum und stellen sich immer wieder auf Neues ein. Eine Glocke ruft zwischen dem Hören und der Aktion zur Ruhe.

Bibeltext: Aufgaben: zu einer Zielfahne laufen (V. 12), aufgebaute Hindernisse zum Übersteigen und Zurücklassen (V. 13), den Begriff „ewiges Leben“ als einzelne Buchstaben auf dem Boden ablaufen (V. 14), ein Mannschaftsband mit dem Wort „vollkommen“ suchen und ergattern (V. 15), einen Wegweiser so weitergeben, dass jedes Kind das Schild einmal in der Hand hatte (V. 16).

Kompetenzen: Die Kinder können einem gelesenen Bibeltext folgen. Sie können Hören und Sehen kombinieren und reagieren.

•• Sprech-Motette / Lese-Bilder / Band AT1: Text-Bild-Suche

Ja-Nein-Stuhl

Spielerisch Wissen aktivieren und schnell reagieren.

Material: 2 Stühle

Beschreibung: Zwei Stühle stehen einander gegenüber. Der eine ist der Ja-Stuhl, der andere der Nein-Stuhl. In der Mitte befinden sich zwei Freiwillige. Die leitende Person stellt zu einer biblischen Geschichte Fragen, die sich nur mit „Ja“ oder „Nein“ beantworten lassen. Wer setzt sich am schnellsten auf den richtigen Stuhl?

Bibeltext: Mögliche Fragen: Hält Paulus sich für einen super Christen? Will Paulus das Ziel erreichen, weil er viel trainiert hat? Lässt Paulus alles hinter sich, um nur noch auf das zu sehen, was vor ihm liegt? Will Paulus eine Goldmedaille gewinnen? Ist der Siegespreis ein langes, glückliches Leben? Sollen wir auf dem richtigen Weg bleiben?

Kompetenzen: Die Kinder können einfachen Fragen folgen und schnell darauf reagieren. Sie können sich wichtige Inhalte aus einer Geschichte merken.

•• Visualisierung / Bibel-Lese-Werkzeuge / Band NT1: Meinungsstrahl

Ziel-Linie

Ein erreichtes oder ein neues Ziel formulieren und mitnehmen.

Material: Bastelvorlage (s. Downloads) und entsprechendes Material oder stabiles Papier (160 g) und Trinkhalme; Farbstifte

Beschreibung: Die Kinder zeichnen ein Zielbanner auf festes Papier auf und basteln mit Papier und Trinkhalmen eine Zielfahne. Oder sie nutzen die Vorlage aus dem Download. Auf der Zielfahne halten die Kinder entweder fest, was sie schon erreicht haben und feiern so ihre Erfolge. Oder sie schreiben einen nächsten Schritt auf, den sie erreichen möchten. Dabei soll es nicht um Leistung gehen, sondern darum, das alltägliche Leben, den eigenen Glauben und seine Ausdrucksformen wahrzunehmen und aktiv zu gestalten. Fragen: Was gelingt dir gut? Gibt es etwas im Bibeltext, das du bereits tust? Wie wäre es für dich, wenn es dir gelingen würde? Wie willst du das Ziel erreichen? Was könnte dir helfen?

Bibeltext: Der Gedanke, dass es im Leben viele kleine Etappenziele gibt, kann hilfreich sein. Die Kinder schreiben ein Beispiel dafür auf, was sie schon als richtig erkannt haben und tun, oder etwas, dass sie sich neu vornehmen möchten.

Kompetenzen: Die Kinder können über Ziele nachdenken und Erreichtes feiern oder sich neue Ziele stecken. Sie können ihre Gedanken in der Gruppe vorstellen und erklären.

•• Multiple Choice / Kreiselgespräch / Band AT2: Wegweiser

OFFENBARUNG 1,9-20

Der Auftrag an Johannes

9 Ich, Johannes, euer Bruder, teile mit euch die Bedrängnis
und die Hoffnung auf Gottes neue Welt und die Standhaftig-
keit, die Jesus uns schenkt. Ich wurde auf die Insel Patmos
verbannt, weil ich die Botschaft Gottes verkündet habe, alles,
wofür Jesus als Zeuge einsteht. 10 Am Tag des Herrn nahm
der Geist Gottes von mir Besitz. Ich hörte hinter mir eine laute
Stimme, die wie eine Posaune klang. 11 Sie sagte: „Schreib
das, was du siehst, in ein Buch, und schicke es an die sieben
Gemeinden in Ephesus, Smyrna, Pergamon, Thyatira, Sardes,
Philadelphia und Laodizea!" 12 Ich wandte mich um und
wollte sehen, wer zu mir sprach. Da erblickte ich sieben goldene Leuchter. 13 In ihrer Mitte stand jemand, der aussah wie
der Sohn eines Menschen. Er trug ein langes Gewand und
hatte ein breites goldenes Band um die Brust. 14 Sein Kopf
und sein Haar strahlten wie weiße Wolle, ja wie Schnee. Seine Augen brannten wie Flammen. 15 Seine Füße glänzten wie
gleißendes Gold, das im Schmelzofen glüht, und seine Stimme klang wie das Tosen des Meeres. 16 Er hielt sieben Sterne
in seiner rechten Hand, und aus seinem Mund kam ein scharfes, beidseitig geschliffenes Schwert. Sein Gesicht leuchtete
wie die Sonne am Mittag. 17 Als ich ihn sah, fiel ich wie tot
vor seinen Füßen zu Boden. Er legte seine rechte Hand auf
mich und sagte: „Hab keine Angst! Ich bin der Erste und
der Letzte. 18 Ich bin der Lebendige! Ich war tot, doch nun
lebe ich in alle Ewigkeit. Ich habe Macht über den Tod
und die Totenwelt. 19 Schreib alles auf, was du soeben gesehen hast und was dir noch offenbart wird über die Gegenwart und über das, was in Zukunft geschehen wird. 20 Du
siehst die Sterne in meiner rechten Hand und die sieben goldenen Leuchter. Ich sage dir, was sie bedeuten: Die sieben
Sterne sind die Engel der sieben Gemeinden und die sieben
Leuchter sind die Gemeinden selbst."

Einführung

Johannes bekommt auf der Insel Patmos einen Einblick in das (gegenwärtige und zukünftige) Geschichtshandeln Gottes. Was er sieht, versucht er mit bildhafter Sprache zu beschreiben. Wie sehr er dabei um Worte ringt, sieht man an der häufigen Verwendung der Begriffe „wie" oder „gleichwie". Die Offenbarung enthält in den ersten Kapiteln Botschaften an sieben kleinasiatische Gemeinden, deren Situation durch Kaiserkult, Christenverfolgung und innere Spannungen geprägt ist. Das Bild vom Leuchter zeigt, dass Jesus inmitten der bedrängten Gemeinden lebt. Johannes beschreibt Jesus und den Lichtglanz, der ihn umgibt, mit den Begriffen Wolle und Schnee. Das Weiß drückt Reinheit und Heiligkeit aus. Die rechte Hand bedeutet Kraft. Es ist die Hand, die regiert und verfügt. Das Reden Jesu, das mit einem Schwert verglichen wird, trennt echt von unecht (Offb 2,16; 19,15). Er ist der Erste und Letzte und den Weg vom Tod zum Leben bereits gegangen. Als der Lebendige ist er immer da. Die Bedeutung der sieben Engel ist unsicher. Manche Kommentare sehen in ihnen die Leitenden der sieben Gemeinden.

Johannes: vermutlich nicht der Jünger Jesu, sondern ein Wanderprophet, der möglicherweise nach dem Jüdischen Krieg (66 – 73/74 n. Chr.) Palästina verlassen hatte und in Kleinasien wirkte. Wird zur Zeit der Christenverfolgung unter dem römischen Kaiser Domitian auf die Insel Patmos verbannt.

Patmos: eine karge Felseninsel in der Ägäis, gehört zur Inselkette der Sporaden.

Randnotizen

Einen Bibeltext durch passende Markierungen und Kommentare erfassen.

Material: 1 ausgedruckter Bibeltext pro Kind, Stifte

Beschreibung: Die Kinder erhalten den Bibeltext in einer verständlichen Übersetzung in ausgedruckter Form und mit breitem Rand. Sie lesen sich den Bibeltext einmal ganz durch. Beim zweiten Durchlesen markieren sie den Text, indem sie wichtige Verse unterstreichen oder am Rand eine vertikale Linie neben einem wichtigen Abschnitt setzen, wichtige Wörter wiederholen oder Begriffe aufschreiben, die einen Vers oder Abschnitt zusammenfassen. Ebenso können eigene Gedanken, Fragen zum Text oder passende Symbole am Rand notiert werden.

Bibeltext: In das Buch der Offenbarung, die Umstände der Entstehung und der damaligen Zeit einführen. Für die Durchführung der Methode Vers 10-18 austeilen.

Tipp: Damit der Bibeltext nicht umständlich abgetippt werden muss, können die Texte von der Website der Deutschen Bibelgesellschaft (www.die-bibel.de) verwendet werden. Dort kann man auch zwischen verschiedenen Übersetzungen wählen. Es sollte jedoch auf den Ausdrucken eine Quellenangabe stehen.

Kompetenzen: Die Kinder können verschiedene Techniken zur Markierung und Hervorhebung im Bibeltext einsetzen. Sie können auf diese Weise einen Text überblicken und für sich erschließen.

•• Lese-Rolle / Klang-Reise / Band AT1: Lauscher auf

Offenbarung 1,9-20

9 Ich, Johannes, euer Bruder, teile mit euch die Bedrängnis und die Hoffnung auf Gottes neue Welt und die Stand-
haftigkeit, die Jesus uns schenkt. Ich wurde auf die Insel
Patmos verbannt, weil ich die Botschaft Gottes verkündet
habe, alles, wofür Jesus als Zeuge einsteht. 10 Am Tag
des Herrn nahm der Geist Gottes von mir Besitz. Ich hörte
hinter mir eine laute Stimme, die wie eine Posaune klang.
11 Sie sagte: „Schreib das, was du siehst, in ein Buch,
und schicke es an die sieben Gemeinden in Ephesus,
Smyrna, Pergamon, Thyatira, Sardes, Philadelphia und
Laodizea!" 12 Ich wandte mich um und wollte sehen, wer
zu mir sprach. Da erblickte ich sieben goldene Leuchter.
13 In ihrer Mitte stand jemand, der aussah wie der Sohn
eines Menschen. Er trug ein langes Gewand und hatte
ein breites goldenes Band um die Brust. 14 Sein Kopf
und sein Haar strahlten wie weiße Wolle, ja wie Schnee.
Seine Augen brannten wie Flammen. 15 Seine Füße
glänzten wie gleißendes Gold, das im Schmelzofen glüht,
und seine Stimme klang wie das Tosen des Meeres.
16 Er hielt sieben Sterne in seiner rechten Hand, und aus
seinem Mund kam ein scharfes, beidseitig geschliffenes
Schwert. Sein Gesicht leuchtete wie die Sonne am
Mittag. 17 Als ich ihn sah, fiel ich wie tot vor seinen
Füßen zu Boden. Er legte seine rechte Hand auf mich und
sagte: „Hab keine Angst! Ich bin der Erste und der Letzte.
18 Ich bin der Lebendige! Ich war tot, doch nun lebe ich
in alle Ewigkeit. Ich habe Macht über den Tod und die Totenwelt. 19 Schreib alles auf, was du soeben gesehen
hast und was dir noch offenbart wird über die Gegenwart
und über das, was in Zukunft geschehen wird. 20 Du
siehst die Sterne in meiner rechten Hand und die sieben
goldenen Leuchter. Ich sage dir, was sie bedeuten: Die
sieben Sterne sind die Engel der sieben Gemeinden und
die sieben Leuchter sind die Gemeinden selbst."

Emoji-Geschichte

Mit Emojis eine Geschichte auf dem Handy oder Tablet gestalten.

Material: Bibel, 1 Tablet oder Smartphone pro Zweierteam, evtl. Beamer

Beschreibung: Für diese Methode benötigen die Kinder ein Tablet oder Smartphone, auf dem eine Nachrichten-App installiert ist, und eine Bibel. In der App finden die Kinder neben den Textwerkzeugen verschiedene Emojis. Die Kinder gehen zu zweit zusammen. Damit sie in die Handlung hineinfinden, beantworten sie zunächst gemeinsam folgende Fragen: Welche Personen kommen vor und wie fühlen sie sich? Was geschieht hier? Gibt es spezielle Gegenstände in der Geschichte? Dann stellen sie die Handlung der Geschichte mithilfe der Emojis und Symbole aus der App dar. Hinterher werden die Ergebnisse für alle ausgelegt oder die Paare treffen sich mit einer anderen Gruppe und vergleichen. Alternativ können die Geschichten mit einem Beamer auf eine Wand projiziert und gemeinsam gelesen werden. Einander Rückmeldung geben, was gelungen ist.

Bibeltext: Wurde der Text bereits gelesen, können die Kinder zu zweit oder in Gruppen am Text entlang passende Emojis suchen und eingeben. Zu einigen Bildern gibt es keine passenden Emojis. Dort müssen die Kinder kreative Ersatzlösungen finden. Die Aufgabe evtl. auf 30 Emojis begrenzen.

Kompetenzen: Die Kinder kennen Textwerkzeuge und Emojis. Sie können kreativ mit Medien gestalten und eine Handlung mit Bildsymbolen darstellen.

•• Nacherzählung / Zeitzeugen / Band NT1: Kritzelsymbole

Zukunfts-Message

Sich aus der Zukunft einmischen oder etwas für die Zukunft aufschreiben.

Material: Papier, Stifte

Beschreibung: Es gibt zwei Möglichkeiten: **1.** Die Kinder schreiben eine Nachricht aus der Zukunft. Das kann an eine Person sein, die früher gelebt hat, z. B. eine Person der Bibel. Das kann ein Tipp aus der heutigen Zeit sein, wie die Person mit einer Situation umgehen sollte oder ein Bericht, was sich seither ereignet hat, das die Welt dieser Person auf den Kopf stellen würde. **2.** Die Kinder schreiben sich selbst eine Nachricht in die Zukunft, entweder zu einem Thema, das sie bewegt, als Dokumentation ihrer aktuellen Gefühle oder um einen Plan oder Entschluss schriftlich festzuhalten. Höchstens ein Jahr in die Zukunft gehen, damit der Zeithorizont noch überblickt werden kann. Falls möglich, sollte die Nachricht am Ende des Jahres zugestellt werden.

Bibeltext: Eine Nachricht an Johannes schreiben, z. B. darüber, was gerade in der Welt passiert, was Johannes überraschen oder erstaunen würde. Auch ein Bericht darüber, wie sich Gott im Leben der Kinder schon als der Lebendige gezeigt hat, ist möglich.

Kompetenzen: Die Kinder können sich mit einem Thema oder einer Geschichte aus heutiger Sicht auseinandersetzen. Sie können überlegen, was für eine frühere Person hilfreich gewesen wäre oder für sie selbst in Zukunft hilfreich werden könnte.

•• Chat-Box / Zettelhalter / Band AT1: Knoten im Tuch

OFFENBARUNG 21,1-5

Der neue Himmel und die neue Erde

1 Dann sah ich einen neuen Himmel und eine neue Erde. Der erste Himmel und die erste Erde waren verschwunden und das Meer war nicht mehr da. 2 Ich sah, wie die Heilige Stadt, das neue Jerusalem, von Gott aus dem Himmel herabkam. Sie war festlich geschmückt wie eine Braut für ihren Bräutigam. 3 Und vom Thron her hörte ich eine starke Stimme rufen: „Dies ist die Wohnstätte Gottes bei den Menschen! Er wird bei ihnen wohnen, und sie werden seine Völker sein. Gott selbst wird als ihr Gott bei ihnen sein. 4 Er wird alle ihre Tränen abwischen. Es wird keinen Tod mehr geben und keine Traurigkeit, keine Klage mehr und keine Qual. Was bisher war, ist für immer vorbei.“ 5 Dann sagte der, der auf dem Thron saß: „Gebt acht, jetzt mache ich alles neu!“ Zu mir sagte er: „Schreib dieses Wort auf, denn es ist wahr und zuverlässig.“

Einführung

Johannes sieht einen neuen Himmel und eine neue Erde. Das Meer als Bild für Chaos und Zerstörung ist nicht mehr da. Aus dem Himmel kommt das neue Jerusalem herab, die neue Welt Gottes. Die Stadt wird als Braut des Lammes dargestellt und erscheint somit als Gegenbild des gottlosen Babylons aus Offenbarung 17 – 20. Jetzt erfüllt sich, was in der Geschichte des Volkes schon in der Stiftshütte und im Tempel bestand: Gott wohnt bei den Menschen. Doch dieses Mal ist er nicht mehr durch Mauern und Vorhänge von den Menschen getrennt – alle Menschen dürfen zu ihm kommen und ihm nahe sein. Damit verändern sich alle Bereiche des Lebens: Der Tod besteht nicht mehr, Gott wird alle Tränen abwischen, weder Traurigkeit noch Klage oder Qual haben hier Platz. In Vers 5 spricht Gott selbst. Durch Christus macht er alles neu.

Bilderblitz

Ein Reaktionsspiel, bei dem Symbolbilder zum Bibeltext abgelegt werden.

Material: passende Symbole auf Karten (hier: neue Welt, alte Erdkugel, Braut, Bräutigam, Thron, Völkermenge, Gesicht mit Tränen, Grab, Schriftrolle, Stift), Bibelverse auf DIN-A4- oder DIN-A3-Papier, Packpapierrolle, Kreppband, doppelseitiges Klebeband oder Sprühkleber

Beschreibung: Im Vorfeld jeden Vers einer Geschichte groß auf je ein DIN-A4- oder DIN-A3-Blatt schreiben. Diese Blätter auf eine Packpapier-Rolle kleben und an einer Wand aufhängen. Unter den Versen doppelseitiges Klebeband anbringen und Folie abziehen oder Sprühkleber auftragen.
Die Kinder treffen sich in Sechsergruppen und die Gruppen ordnen sich im Halbkreis vor der Wand so an, dass alle denselben Abstand haben. Ziel des Spiels ist es, als Gruppe zu jedem Vers eine Karte mit einem passenden Symbol an die Wand zu kleben und dabei als erste Gruppe den letzten Vers zu erreichen. Jede Gruppe erhält dazu einen gemischten Stapel mit einfachen Symbolbildern zu den Versen der Geschichte. Nach einem Startsignal liest ein Kind aus jeder Gruppe den ersten Vers vor. Ein weiteres Kind der Gruppe nimmt den Kartenstapel in die Hand, dreht immer drei Karten zusammen um und legt sie offen übereinander vor sich aus. Passt das Symbol der obersten Karte zu dem Vers, wird sie schnell nach vorn gebracht und unter dem ersten Vers aufgeklebt. Da jeweils nur drei Karten umgedreht werden, kann es sein, dass die passende Karte in der ersten Runde nicht auftaucht. Dann wird der Kartenstapel kurz gemischt und von vorn durchgespielt. Sobald die erste Symbolkarte hängt, wird der nächste Vers vorgelesen. Die Kinder wechseln sich beim Lesen und beim Umdrehen der Karten ab. Es darf immer nur diejenige Karte aufgeklebt werden, deren Symbol zum vorgelesenen Vers passt. Jede Gruppe spielt nach der Reihenfolge der Verse. Das Spiel ist zu Ende, wenn eine Gruppe eine Symbolkarte unter den letzten Vers klebt.

Bibeltext: Hier zu jedem Vers ein bis zwei Bilder suchen, z. B. neue Welt, alte Erdkugel (V. 1), Braut, Bräutigam (V. 2), Thron, Völkermenge (V. 3), Gesicht mit Tränen, Grab (V. 4), Schriftrolle, Stift (V. 5). Die passenden Wörter im Vorlesetext unterstreichen. Sie können als Hilfe für die Gruppe beim Vorlesen stärker betont werden.

Kompetenzen: Die Kinder können Text und Bilder miteinander verbinden. Sie können als Gruppe zusammenarbeiten und sich gegenseitig unterstützen.

•• Bibel-Lese-Fächer / Imaginäres Spiel / Band AT1: Bilddiktat

Frottage

Oberflächen von Gegenständen mittels Durchreiben mit Bleistift oder Farbe auf Papier übertragen und zu einem Bild gestalten.

Material: normales und stabiles Kopierpapier (80 g bzw. 160 g); weiche Bleistifte, Buntstifte, Wachsstifte, bunte Kreide, Kohle; Gegenstände und Naturmaterialien mit strukturierter Oberfläche (Stoffe, Gewebe, Tüll, Knöpfe, Rinde, Blätter, Holz, Steinplatten, Federn, Maschendraht, Münzen); Scheren, Klebstoff, großes Plakat

Beschreibung: Die Kinder in die Technik und das Material einführen. Sie machen sich zunächst mit der Technik vertraut und probieren verschiedene Stifte und Gegenstände aus. Dazu wird ein Papier über ein Material gelegt und die Oberfläche mittels eines Stiftes durchgerieben. Frottagen, die die Kinder weiterverwenden möchten, werden entsprechend zugeschnitten und gesammelt. In einem zweiten Schritt die geschnittenen Frottagen auf einem stabilen Papier nach Belieben anordnen und aufkleben.

Bibeltext: Die meisten Frottagen sind Schwarz auf Weiß, bei dieser Geschichte lohnen sich Wachsstifte und bunte Kreide, um die Herrlichkeit von Gottes neuer Welt zu zeigen. Die Frottagen zu einer Collage zusammenstellen: Die Kinder gestalten einzelne Frottagen und kleben diese gemeinsam mit anderen auf ein großes Plakat.

Kompetenzen: Die Kinder kennen die Durchreibetechnik der Frottage. Sie können mit verschiedenen Materialien und Werkzeugen experimentieren und eine Frottage gestalten.

•• Ergänzungs-Collage / Denkhüte / Band AT1: Bilder-Rolle

Anker

Guten Gedanken oder Gefühlen nachspüren und diese sich setzen lassen.

Material: Bastelvorlage (s. Downloads) und entsprechendes Material

Beschreibung: Die Kinder machen es sich auf dem Boden bequem. Sie erhalten einen Anker aus Pappe oder Modelliermasse. Sie schließen die Augen und lassen ihren Finger mehrmals um die Umrisse des Ankers gleiten, um zur Ruhe zu kommen. Die Moderation stellt eine Frage zum Text: Was in der Geschichte ist ein guter Gedanke? Was in dem Text löst ein gutes Gefühl aus? Die Kinder gehen ihren Gedanken so detailliert wie möglich nach. Sind sie fertig, legen sie den Anker auf die flache linke Hand. Dann umschließen sie die Hand mit der anderen und halten den Anker für einen Moment in ihren Händen. Die Moderation bittet die Kinder, die Augen wieder zu öffnen. Sie geht ruhig von Kind zu Kind und sammelt die Anker wieder ein. Erst danach endet die Übung.

Bibeltext: Mögliche Fragen: Stell dir in der neuen Welt einen schönen Ort vor, an dem du dich gern umschauen möchtest. Wo wäre das? Was in dem Text findest du besonders tröstlich, worauf freust du dich in der neuen Welt besonders?

Hinweis: Anstelle der Anker lassen sich auch schöne Steine verwenden.

Kompetenzen: Die Kinder können eine Geschichte wirken lassen. Sie können einzelnen Gedanken und Szenen nachgehen und diese verinnerlichen.

•• Fragenpuzzle / Bibel-Ecken / Band AT2: Endlosarmband

ANHANG

METHODEN „BEGEGNEN“

METHODEN „AUSEINANDERSETZEN"

METHODEN „ÜBERTRAGEN"

ÜBERSICHT ÜBER DIE METHODEN

Kennzeichnung der Methoden nach Dreiklang und Kompetenzen	**begegnen**	**auseinandersetzen**	**übertragen**	**wahrnehmen**	**verstehen**	**sprechen**	**handeln**	**reflektieren**
Aktionskarten		X	X			X		X
Anker			X	X	X			
Anziehfiguren		X	X				X	
Assemblage		X	X	X			X	
Astfiguren	X	X			X		x	
Audio-Collage		X	X			X	X	X
Best-of			X				X	X
Bibel-Ecken			X		X		X	
Bibel-Lern-Duett	X	X			X	X	X	
Bibel-Lese-Fächer	X	X	X		X		X	
Bibel-Lese-Werkzeuge		X	X		X		X	X
Bibel-Live-Sendung		X		X			X	X
Bibel-Schriftsteller			X		X	X	X	
Bibel-Symbol-Kiste	X	X	X	X	X	X		
Bibeltext-Sprint	X				X		X	
Bibliolog	X	X	X	X		X	X	
Bilderblitz	X				X		X	
Bildkarten-Impulse		X	X	X	X	X		
Bildunterbrechung	X	X	X	X		X		X
Bildvergleich		X	X	X			X	X
Blinzelrunde		X	X			X		X
Bruchstück-Bilder		X	X				X	
Chat-Box		X	X				X	X
Denkhüte		X	X		X		X	X
Dolmetscher		X			X	X		
Drahtfiguren	X	X			X		X	
Emoji-Geschichte		X			X		X	

Kennzeichnung der Methoden nach Dreiklang und Kompetenzen	**begegnen**	**auseinandersetzen**	**übertragen**	**wahrnehmen**	**verstehen**	**sprechen**	**handeln**	**reflektieren**
Emojis	X	X	X			X	X	
Ergänzungs-Collage		X	X	X			X	X
Erzählfiguren	X	X		X	X			
Erzählscheibe	X	X			X		X	
Erzählteppich	X	X			X		X	
Erzählung als Hauptfigur	X				X			
Fantasiefigur		X	X	X				X
Fensterbild		X	X		X		X	
Fotobericht			X			X		X
Foto-Story		X	X		X		X	
Frage-Antwort-Salat		X	X		X	X		
Fragenpuzzle		X	X		X	X		
Frottage		X	X		X		X	
Gefühls-Stern		X	X	X		X		X
Gegen-Sätze		X			X		X	X
Gerichtsverhandlung		X			X		X	
Geschichten-SMS		X	X				X	X
Geschichtentüte	X	X					X	
Gliederfiguren	X	X			X		X	
Gruppen-Mobile		X	X				X	
Handlettering		X	X				X	
Handpuppen	X	X				X	X	
Hausrats-Helfer	X	X			X		X	
Hörspiel		X				X	X	
Imaginäres Spiel	X	X		X			X	
Ja-Nein-Rätsel	X				X	X		
Ja-Nein-Stuhl		X	X		X	X		
Klang-Reise	X			X		X		
Knetgeschichte	X				X	X	X	
Kreiselgespräch		X	X			X		

Kennzeichnung der Methoden nach Dreiklang und Kompetenzen	**begegnen**	**auseinandersetzen**	**übertragen**	**wahrnehmen**	**verstehen**	**sprechen**	**handeln**	**reflektieren**
Lapbook		X	X		X		X	
Lebendige Marionetten	X	X			X		X	
Lebenswelt-Box			X		X	X		
Lege-Mosaik			X		X		X	
Lege-Strichfiguren	X	X	X		X	X		
Leporello		X					X	
Lernschachtel		X	X		X		X	
Lese-Bilder	X				X			
Lese-Emotionen	X			X		X		
Lese-Rolle	X				X			
Liegebilder		X	X			X	X	
Liturgische Handlung	X	X	X	X			X	
Magnetgeschichte	X	X			X		X	
Marktplatz		X	X		X			X
Multi-Klemmer	X	X	X				X	
Multiple Choice		X			X		X	
Nacherzählung		X			X		X	
Portraits			X	X		X		X
Pro-Kontra-Debatte		X	X		X			X
Puppentheater		X	X		X	X	X	
Randnotizen	X				X		X	
Rangfolge			X		X		X	
Reise-Erzählung	X				X	X		
Kap. Rollen-Vers			X				X	
Roter Faden	X			X	X			
Rückengeschichte	X			X		X		
Schlagzeile		X	X		X		X	X
Schreibstube	X	X			X	X	X	
Sketchboard	X				X			
Sprech-Motette		X		X	X	X		

Kennzeichnung der Methoden nach Dreiklang und Kompetenzen	**begegnen**	**auseinandersetzen**	**übertragen**	**wahrnehmen**	**verstehen**	**sprechen**	**handeln**	**reflektieren**
Stiller Spaziergang			X		X	X		
Stopp-Motion-Film		X			X	X	X	
Straßenzug	X	X			X		X	
Stuhlwahl		X	X			X		X
Symbol-Meditation	X			X				X
Tagebucheintrag			X		X			X
Textpuzzle	X				X			
Themen-Plakat		X	X		X		X	
Triangel		X	X					X
Verbotene Begriffe	X	X			X	X		
Verfremdung		X			X			X
Vier Augen	X			X	X	X		
Vier Ecken		X	X		X			X
Visitenkarten		X	X			X		
Visualisierung		X		X	X		X	
Wollfaden-Bilder		X	X				X	
Wörter-Batch			X		X	X		
Wortkarten-Story		X			X		X	
Zeithocker			X		X			X
Zeitlupe	X	X					X	
Zeitzeugen			X		X		X	X
Zettelhalter			X				X	
Ziel-Linie			X			X		X
Zukunfts-Message			X		X			X

Kennzeichnung der Methoden nach Erfahrung und Handlungsfeld	**unerfahren**	**erfahren**	**fortgeschritten**	**Kindergottesdienst**	**Jungschar**	**Freizeit**	**Religionsunterricht**	**Familie**
Aktionskarten	X	X	X	X	X	X	X	X
Anker	X	X	X	X	X	X	X	X
Anziehfiguren	X	X	X	X	X	X	X	X
Assemblage		X	X	X	X	X	X	X
Astfiguren	X	X	X	X	X	X	X	X
Audio-Collage		X	X	X	X	X	X	X
Best-of		X	X	X	X	X	X	X
Bibel-Ecken	X	X	X	X	X	X	X	X
Bibel-Lern-Duett	X	X	X	X			X	
Bibel-Lese-Fächer		X	X	X	X	X	X	X
Bibel-Lese-Werkzeuge	X	X	X	X	X	X	X	X
Bibel-Live-Sendung		X	X	X	X	X	X	
Bibel-Schriftsteller	X	X	X	X	X	X	X	
Bibel-Symbol-Kiste		X	X	X			X	
Bibeltext-Sprint	X	X	X	X	X	X		
Bibliolog			X	X			X	
Bilderblitz		X	X	X	X	X	X	X
Bildkarten-Impulse	X	X	X	X	X	X	X	X
Bildunterbrechung	X	X	X	X	X	X	X	X
Bildvergleich		X	X	X			X	
Blinzelrunde	X	X	X	X	X	X	X	X
Bruchstück-Bilder		X	X	X	X	X	X	X
Chat-Box		X	X	X	X	X	X	
Denkhüte		X	X	X	X		X	
Dolmetscher	X	X	X	X	X	X	X	X
Drahtfiguren	X	X	X	X	X	X	X	X
Emoji-Geschichte	X	X	X	X	X	X	X	X
Emojis	X	X	X	X	X	X	X	X
Ergänzungs-Collage	X	X	X	X	X	X	X	
Erzählfiguren		X	X	X			X	

Kennzeichnung der Methoden nach Erfahrung und Handlungsfeld	**unerfahren**	**erfahren**	**fortgeschritten**	**Kindergottesdienst**	**Jungschar**	**Freizeit**	**Religionsunterricht**	**Familie**
Erzählscheibe	X	X	X	X	X	X	X	
Erzählteppich	X	X	X	X			X	
Erzählung als Hauptfigur		X	X	X	X		X	
Fantasiefigur		X	X	X	X	X	X	X
Fensterbild	X	X	X	X	X	X	X	X
Fotobericht		X	X	X	X	X	X	
Foto-Story		X	X	X	X	X	X	X
Frage-Antwort-Salat	X	X	X	X	X	X	X	
Fragenpuzzle	X	X	X	X	X	X	X	
Frottage	X	X	X	X	X	X	X	X
Gefühls-Stern	X	X	X	X	X	X	X	X
Gegen-Sätze	X	X	X	X			X	
Gerichtsverhandlung		X	X	X			X	
Geschichten-SMS	X	X	X	X	X	X	X	X
Geschichtentüte	X	X	X	X			X	
Gliederfiguren	X	X	X	X	X	X	X	X
Gruppen-Mobile	X	X	X	X	X	X	X	X
Handlettering	X	X	X	X	X	X	X	X
Handpuppen	X	X	X	X			X	X
Hausrats-Helfer	X	X	X	X	X	X		X
Hörspiel		X	X			X	X	
Imaginäres Spiel		X	X	X	X	X	X	
Ja-Nein-Rätsel	X	X	X	X	X	X	X	X
Ja-Nein-Stuhl	X	X	X	X	X	X	X	X
Klang-Reise		X	X	X			X	
Knetgeschichte	X	X	X	X	X	X	X	X
Kreiselgespräch	X	X	X	X	X	X	X	X
Lapbook		X	X	X		X	X	
Lebendige Marionetten	X	X	X	X	X	X	X	X
Lebenswelt-Box	X	X	X	X			X	

Kennzeichnung der Methoden nach Erfahrung und Handlungsfeld	**unerfahren**	**erfahren**	**fortgeschritten**	**Kindergottesdienst**	**Jungschar**	**Freizeit**	**Religionsunterricht**	**Familie**
Lege-Mosaik	X	X	X	X			X	X
Lege-Strichfiguren	X	X	X	X	X	X	X	X
Leporello	X	X	X	X	X	X	X	X
Lernschachtel		X	X	X			X	
Lese-Bilder		X	X	X			X	
Lese-Emotionen	X	X	X	X	X	X	X	X
Lese-Rolle	X	X	X	X	X	X	X	X
Liegebilder	X	X	X	X	X	X	X	X
Liturgische Handlung		X	X	X	X	X		X
Magnetgeschichte		X	X	X	X	X	X	
Marktplatz		X	X	X			X	
Multi-Klemmer	X	X	X	X	X	X	X	X
Multiple Choice	X	X	X	X	X	X	X	X
Nacherzählung	X	X	X	X	X	X	X	X
Portraits	X	X	X	X	X	X	X	
Pro-Kontra-Debatte		X	X	X	X	X	X	
Puppentheater	X	X	X	X			X	
Randnotizen	X	X	X	X	X	X	X	X
Rangfolge	X	X	X	X	X	X	X	X
Reise-Erzählung		X	X	X	X	X	X	
Rollen-Vers	X	X	X	X	X	X	X	X
Roter Faden		X	X	X	X	X	X	
Rückengeschichte	X	X	X	X	X	X	X	X
Schlagzeile		X	X	X			X	
Schreibstube		X	X	X	X	X	X	
Sketchboard			X	X	X	X	X	
Sprech-Motette		X	X	X			X	
Stiller Spaziergang	X	X	X	X			X	
Stopp-Motion-Film		X	X		X	X		
Straßenzug		X	X	X	X	X		

Kennzeichnung der Methoden nach Erfahrung und Handlungsfeld	**unerfahren**	**erfahren**	**fortgeschritten**	**Kindergottesdienst**	**Jungschar**	**Freizeit**	**Religionsunterricht**	**Familie**
Stuhlwahl	X	X	X	X	X	X	X	X
Symbol-Meditation		X	X	X			X	
Tagebucheintrag	X	X	X	X	X	X	X	X
Textpuzzle	X	X	X	X	X	X	X	X
Themen-Plakat		X	X	X	X	X	X	
Triangel	X	X	X	X	X	X	X	
Verbotene Begriffe	X	X	X	X	X	X	X	X
Verfremdung		X	X	X			X	
Vier Augen	X	X	X	X	X	X	X	X
Vier Ecken		X	X	X			X	
Visitenkarten	X	X	X	X	X	X	X	
Visualisierung		X	X	X			X	
Wollfaden-Bilder	X	X	X	X	X	X	X	X
Wörter-Batch	X	X	X	X	X	X	X	
Wortkarten-Story		X	X	X			X	
Zeithocker	X	X	X	X	X	X	X	X
Zeitlupe	X	X	X	X	X	X	X	X
Zeitzeugen	X	X	X	X	X	X	X	X
Zettelhalter	X	X	X	X	X	X	X	X
Ziel-Linie	X	X	X	X	X	X	X	X
Zukunfts-Message	X	X	X	X	X	X	X	X

AUTORIN UND ILLUSTRATORIN

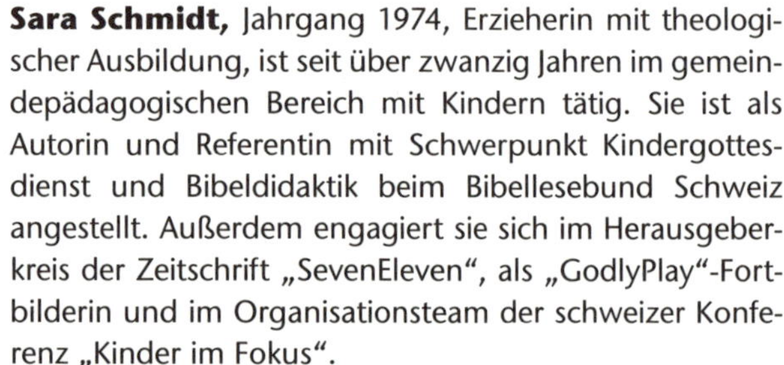

Sara Schmidt, Jahrgang 1974, Erzieherin mit theologischer Ausbildung, ist seit über zwanzig Jahren im gemeindepädagogischen Bereich mit Kindern tätig. Sie ist als Autorin und Referentin mit Schwerpunkt Kindergottesdienst und Bibeldidaktik beim Bibellesebund Schweiz angestellt. Außerdem engagiert sie sich im Herausgeberkreis der Zeitschrift „SevenEleven“, als „GodlyPlay“-Fortbilderin und im Organisationsteam der schweizer Konferenz „Kinder im Fokus“.
Sie ist Mutter einer erwachsenen Tochter und lebt im Berner Oberland. Ehrenamtlich bringt sie sich in der Gemeindeleitung ihrer Freikirche ein und feiert regelmäßig mit Kindern Gottesdienst.

Bianca Stegmaier, Jahrgang 1973, lebt mit ihrem Mann und ihren beiden Kindern in Baden-Württemberg. Sie arbeitet seit 2011 als freie Illustratorin für den Bibellesebund Schweiz und erachtet es als Privileg, Kindern die Bibel durch fröhliche Zeichnungen näherbringen zu dürfen.